성산명경

한글 편집 **박종천**

서울대 종교학과를 졸업하고 동대학원에서 한국유교를 전공으로 박사학위를 받았습니다. 한국국학진흥원 책임연구위원을 거쳐서 현재는 고려대학교 민족문화연구원(Research Institute of Korean Studies) 교수(Professor) 겸 문과대학(College of Liberal Arts) 인문학과문화산업융합전공(Humanities and Creative Industry), 동대학교 대학원 영상문화학협동과정(Visual Culture Studies) 및 인문학과동아시아문화산업협동과정(Program in Humanities and East Asian Cultural Industry) 교수로 일하고 있습니다.

한국유교, 종교학, 영화, 만화, 문화산업, 문화콘텐츠 등에 대한 연구와 강의를 진행하고 있습니다.

# 성산명경

초판 발행 2024년 1월 22일

지은이: 최병헌
펴낸이: 손영란
편집: 박종천, 박은영
디자인: 박송화, 조유영

펴낸곳: 키아츠
주소: 서울시 도봉구 마들로 624, 302호
전화: 02-766-2019
팩스: 0505-116-2019
홈페이지: www.kiats.org
이메일: kiatspress@naver.com
블로그: blog.naver.com/kiatspress
페이스북: www.facebook.com/kiatspress

ISBN: 979-11-6037-220-5(03230)

이 책은 1911년 동양서원(東洋書院)에서 발행한 판본을 저본으로 삼되 독자의 이해를 돕기 위해 주석을 추가했습니다. 2010년 키아츠에서 출판한 '한국 기독교 고전 시리즈'《성산명경》의 보급판으로 저작권은 키아츠에 있습니다. 무단 전재와 복제를 금합니다.

# 성산명경

최병헌 지음 | 키아츠 엮음

# 차례

키아츠 20주년 기념판 서문 / 6

2010년판 서문 / 12

최병헌과 《성산명경》 / 14

본문 / 25

최병헌 연보 / 128

참고문헌 / 129

# 키아츠 20주년 기념판 서문

키아츠KIATS는 한국 기독교의 유산을 학문적으로 정리하고 이를 세계 기독교인들과 나누겠다는 목표로 2004년에 설립되었다. 2005년부터 5년간 9호가 발행된 영문저널 *KIATS Theological Journal*은 한국 기독교와 관련된 다양한 연구들을 한국 신학자의 시각으로 기획해 세계와 나눈 첫 번째 작업이었다. 이후 2008년부터 2012년까지 길선주, 손양원 등 한국 기독교를 대표하는 목회자 10인을 선정해 그들의 주요 저작을 '한국기독교지도자작품선집'이란 시리즈로 한글과 영어로 각각 출간했다. 동시에 한국 기독교를 큰 범주로 나누어 '한국 기독교 고전 시리즈', '한국 기독교 선교사 시리즈', '기독교 영성 선집'으로 작업을 진행했다.

이중 '한국 기독교 고전 시리즈'는 몇 가지 면에서 가장 기억에 남는 작업이었다. 인문학에서 하나의 학문 분과가 자리 잡기 위해서는 각 분야에서 고전적 위치를 갖는 작품들에 대한 원전 정리작업이 필수적이다. 기독교 문헌을 정리한 PG(Patrologia Graeca)

와 PL(Patrologia Latina)뿐만 아니라 하버드대학에서 간행 중인 Loeb Classical Library의 중요성은 굳이 설명할 필요가 없다. 키아츠는 한국 기독교 문헌들을 연구하면서, 한국가톨릭과 개신교가 비록 길지 않은 역사를 지녔지만 한국인과 세계인이 같이 나눌 가치 있는 작품들이 적지 않다고 생각했다. 그래서 가톨릭과 개신교의 차이를 넘어, 개신교의 교단적 차이를 넘어 한국 기독교의 특징을 잘 보여주는 작품을 현대 한글어 편집본과 영어 번역본을 담아 국내외 사람들과 나누고자 했다. 대신에 한국 기독교의 역사가 서구 기독교에 비해 짧고 고전에 대한 다양한 판본과 이본의 역사도 짧은 점을 고려해 해당 작품의 원전을 사진으로 담아 출간하기로 했다. 그렇게 해서 2008년부터 2012년까지 총 6권이 이 시리즈로 출간되었다.

키아츠가 이 시리즈로 간행한 첫 번째 책은 길선주 목사의 《만사성취》이다. 이 책은 길선주 목사가 기독교로 개종하는데 도움을 준 존 번연의 《천로역정》을 5언 절구와 7언 절구의 한시와 한복을 입은 한국인 삽화를 사용해 한국적인 독법으로 읽어낸 작품이다. 다음으로 김익두의 《조선예수교회 이적명증》은 일제강점기인 1921년에 간행된 책으로, 기독교 신앙이 기초해 전국적으로 기적을 일으키며 교회와 성도들에게 힘을 더해준 김익두 목사의 기적에 대한 자료를 모은 책이다. 한국의 무디라 불리는 이성봉 목사의 《명심도 강화》는 19세기 독일의 고스너J. E. Gossner가 지은 *Das Herz des Menschen*[The Human Heart]이란 책이 서유럽과 미국과 중국을 거쳐 윌리엄 베어드William Baird의 한국어 번역을 통해 한국에 소개되고, 이성봉 목사가 이를 한국인의 시각에서 다시 풀어낸 책이다. 길선주의 《말세론》은 20세기 전반 한국 기독교인들이 일제강점기를 겪으며 어떻게 종말론을 사모하고 이해했는지를 길선주의 강연과 기고 기록을 통해 잘 접하게 해 준다. 최병헌 목사의 《성산명경》은 전통적인 한국인의 종교였던 유교와 불교와 도교, 그리고 자신이 믿은 기독교를 대표하는 인물들이 성산이란 산에 모여 토론하는 형식을 담은 글이다. 정약종의 《주교요지》는 한국 기독교 최초의 조직신학 책으로 불러도 손색이 없는 초기 한국 가톨릭 지도자가 이제 막 받아들인 기독교의 주된 가르침을 압축적으로 담은 책이다.

키아츠의 '한국 기독교 고전 시리즈'는 필자가 숭실대학교에서 가르치던 시기에 숭실대학교가 소장하고 있던 한국 기독교의 희귀 작품을 숭실대학교의 연구 후원으로 출간한 데서 기본 구상이 시작되었다. 숭실대학교와 한국기독교박물관의 이름으로 한국 기독교 고전 세계화 시리즈로 출간된 이 책은 《니벽선생몽회록》, 《유한당언행실록》, 《사후묵상》이란 19세기 한국가톨릭 자료를 담았는데, 이 책은 현대 한글 편집본, 영어 번역본, 원전 사진으로 구성되어 2007년 평양 부흥운동 100주년을 기념해 간행되었다. 그리고 키아츠는 2016년에 한국의 독립운동에 기여한 공로로 34번째 민족대표라 불린 캐나다 선교사 윌리엄 스코필드의 자료들을 동일한 구성으로 호랑이스코필드기념사업회와 함께 출간하였다.

한국 기독교 고전 시리즈 작업은 매우 가치 있는 작업이었지만, 크게 3가지 이유로 힘든 작업이었다.

첫째는 원전 자료의 확보였다. 우리가 선정한 작품들은 몇몇 학교나 기관들이 소유하고 있었는데, 신생연구기관이던 키아츠가 책에 넣을 자료 협조를 받는 일은 늘 여러 절차와 시간이 필요했다. 다행히 고려대학교와 연세대학교의 협조와 호의가 컸다.

둘째는 연구진들의 협업이었다. 내용 자체도 어렵거니와 한문과 옛글이 섞여 있는 관계로 보통 2-3명의 교수급 연구진들의 협동작업은 필수적이었다. 다행히 고려대학교의 박종천 교수와 미국에서 가르치는 드버니아 토레이 교수, 미국에서 활동 중인 허원재 신부, 프린스턴신학대학에서 내가 가르쳤던 미국 시애틀의 제라 블롬퀴스트Jera Blomquist의 도움이 컸다.

셋째로 연구에 필요한 재정 문제였다. 원전을 사진 파일로 담고, 현대 한글로 편집하고, 영어로 번역과 편집을 하고, 두툼한 장정판으로 출간하는 데는 막대한 재정이 필요했다. 다행히 우리는 책 한 권의 인쇄비용을 한 교회나 기관에서 확보하자는 생각으로 국내외를 뛰어다녔고, 많은 교회가 어려운 자신들의 여건에도 불구하고 도움을 주셨다. 분당중앙교회(최종천 목사), 미국 LA의 사랑의 빛 선교교회(김재문 목사), LA의 은혜한인교회(한기홍 목사), 미국 아틀란타의 한인연합장로교회(작고하신 정인수 목사), 미국 달라스 중앙연합감리교회(이성철 목사), 한국도자기(이의숙 회장)의 후원과 기도로 이런 가치 있는 작업을 진행할 수 있었다.

국내외가 멀다 하고 찾아가서 프로젝트의 중요성을 설명하고, 설교와 강의를 통해 잠재적인 후원자들께 내용을 풀어드리고, 부족한 연구비를 확보해 가면서 연구와 번역과 편집과 출간에 매달릴 수 있었던 것은 바로 그런 분들의 도움과 기도 때문이었다. 그리고 충분한 대우도 해 줄 수 없었지만, 늘 같이 묵묵히 수고해 준 키아츠 가족들의 도움이 컸다. 대학을 막 졸업하고 키아츠의 거의 지난 20여 년간을 같이 해 준 박송화 선생을 비롯한 여러 분께 진심으로 감사를 드린다.

그렇게 수많은 분의 헌신과 후원과 노력을 온전히 먹고 나온 이 시리즈, 비록 6권으로 멈추었지만, 그 가치를 독자들과 다시 한번 나누고 싶었다. 그래서 이번에 일반 독자들이 쉽게 읽을 수 있는 《주교요지》와 《성산명경》을 한글 부분만 뽑아 기독교 영성 시리즈에 편입시켰다. 한국 기독교 고전 시리즈의 경우 원전의 맛을 살리기 위해 한자와 옛말은 될 수 있는 대로 원문 그대로 남겨 두고 이해를 돕기 위한 보충설명을 더했는데, 이러한 편집을 그대로 유지하면서 판형과 디자인에 변화를 주었다. 앞으로 나머지 고전 시리즈도 기독교 영성 시리즈에 담을 계획이다. 이 힘들지만 의미 있는 과정에 함께 애써 준 류명균, 최선화 연구원들에게 감사를 표한다.

비록 여섯 권으로 중단된 이 시리즈 작업이 언젠가 다시 시작될

날이 오기를 기대한다. 한국가톨릭교회와 한국 개신교회가 한국에서 종교적 실체가 된 것은 그리 오랜 세월이 아니지만, 수많은 주옥같은 작품들을 남겼고, 그 가치는 후기기독교사회로 제대로 겪지 못하고 탈 기독교 사회로 질주하는 한국의 종교문화의 지평에 여전히 가치를 갖는다고 생각하기 때문이다.

2023년 12월

키아츠 원장 김재현

# 2010년판 서문

1910년 에딘버러 회의 이후 비-서구 기독교권 선교의 필요성과 아시아, 아프리카, 남미 기독교의 역할은 꾸준히 강조되어 왔다. 최근 급격하게 발전하는 한국, 중국, 인도의 기독교 상황이 보여주듯이, 이제 비-서구 기독교는 세계 기독교 이해에 선택이 아닌 필수적인 면이 되었다. 그러나 서구와 비-서구 기독교의 균형 잡힌 대화와 소통은 아직도 요원하다. 이러한 소통과 대화의 불균형의 원인 가운데 하나는 비-서구 기독교를 제대로 이해할만한 원-자료들이 충분히 정리되지 않았고, 영어와 같은 국제적인 언어를 통해 접근하기가 어려웠기 때문이다.

짧은 기간 동안 엄청난 교회 성장을 이루어온 한국 기독교의 경우도 마찬가지이다. 한국 기독교는 세계 2천년 기독교 역사에 유례가 없을 정도로 단시간에 박해와 고난, 열정과 헌신, 교회 성장과 선교와 같은 폭넓은 경험을 맛보았다. 이러한 경험은 조선 유학자와 가톨릭 교우간의 논쟁, 박해와 순교를 참된 신앙에 대한 묵상으로 승화시킨 명상과 설교, 열정과 역동성을 표출한 성직자들과 평

신도들의 다양한 글들을 통해 표출되어 왔다.

이런 맥락에서 한국고등신학연구원(KIATS)은 한국 기독교의 고전적 작품들을 편찬하고, 영어로 번역하여 국내외 사람들이 보다 쉽게 접근할 수 있도록 〈한국 기독교 고전 시리즈〉를 시작하게 되었다. 우리는 가톨릭과 개신교를 포함하여, 한국 기독교 역사에서 신앙적, 학문적, 사료적인 가치를 갖는 작품을 먼저 다루려 한다. 특히, 그 가치와 중요성에도 불구하고 일반인들이 쉽게 접할 수 없는 자료를 일차적인 대상으로 삼고자 한다.

한국 교회 성도들은 이 시리즈를 통해, 평소 접근하기 어려웠던 한국 기독교의 중요한 원전原典 자료를 보다 쉽게 접할 수 있을 것이다. 무엇보다 우리가 우선적으로 담아낼 18세기 가톨릭과 19세기 말 20세기 초 개신교 문헌들은 한국기독교의 형성과정을 잘 보여줄 것이다. 우리는 믿음의 선배들의 삶과 신앙을 통해 과거 유산을 재발견하고 오늘을 반추하는 계기로 삼아, 더 나은 미래를 꿈꿀 수 있을 것이다. 더 나아가 각각 영어번역-현대한글편집-원문으로 구성될 본 시리즈는 서구 기독교가 아시아와 비-서구 기독교의 유산을 새롭게 맛보는 기회를 만들어 줄 것으로 기대한다.

2010년 4월

김재현

한국고등신학연구원(**KIATS**), 원장

# 최병헌과 《성산명경》

## 최병헌의 생애와 신학

《성산명경聖山明鏡》의 저자인 탁사濯斯 최병헌崔炳憲(1858-1927)은 1858년 1월 16일에 충청북도 제천의 가난한 선비집안에서 출생하여, 유학자 출신으로서 한국 감리교회의 초기 목사이자 최초의 신학자가 된 인물이다.

최병헌은 1888년 과거시험에 응시하였으나 당시 부패한 상류층의 전횡으로 인해 낙방하였다. 1880년 중국 상해上海에서 친구가 가져온 《영환지략瀛環志略》[1]을 읽으면서 발달한 서양문물에 눈을 떴다. 1888년 정동의 서양 선교사 숙소에서 아펜젤러Henry G. Appenzeller(1858-1902)를 만나 한문 성서를 얻어서 성서연구를 시작하여 1892년에는 세례를 받고 전도인으로 활약하기도 했다. 1894년 아펜젤러와 함께 〈죠션그리스도인회보〉를 창간하였고, 1900년에는 존스George H. Jones(1867-1919)와 함께 한국 최초의 신

---
1. 중국 청나라의 서계여徐繼畬가 지은 세계지리책으로, 1848년에 완성하고 1850년에 간행하였다.

학잡지인 〈신학월보神學月報〉의 주필을 맡아보기도 하였다. 1889년에 배재학당培材學堂의 한문 교사를 지냈고, 1894년 종로에서 서점 겸 사설 도서관인 '대동서사'를 설립하여 운영하기도 했다. 1898년부터 1900년까지는 아펜젤러가 중심이 되어 활동했던 성서번역위원회의 번역위원으로서 한글 신약성서를 완역하는 데 공헌했다. 1902년 5월 18일에 목사 안수를 받았고, 1903년부터 아펜젤러의 후임으로 12년 동안 정동교회를 담임했으며, 1914년부터 감리사로 일하다가 1922년에 은퇴하였다. 은퇴 후에는 감리교 협성신학교 교수로 추대되어 가르치다가 1927년 5월 13일에 서거하였다.

1901년 한국 최초의 신학논문인 〈죄도리罪道理〉를 〈신학월보〉에 게재하면서 시작된 최병헌의 신학적 관심은 기독교신학의 기초적 이해는 물론, 종교다원주의 상황 속에서 동양종교와 기독교의 비교를 통한 기독교 변증신학을 정립하는 것이었다. 그의 비교종교론적 변증신학은 유교와 불교를 비롯한 한국종교사와 세계종교사에 대한 비교 인식을 기본으로 하되 수많은 종교들 가운데 기독교가 진리임을 논증하는 방식으로 전개되었다. 일종의 포괄적 성취론을 지향하는 그의 신학사상은 〈삼인문답〉(1900), 〈성산유람기〉(1907), 〈사교고략〉(1909), 〈종교변증론〉(1916-1920) 등으로 구체화되었는데, 이 가운데 〈성산유람기〉는 《성산명경》(1912)이란 단행본으로 간행되었고, 〈종교변증론〉은 《만종일련》(1922)이란 단행본으로 출간되었다.

최병헌은 비교종교론적 변증신학을 통해 유신론有神論, 내세론

來世論, 신앙론信仰論을 종교의 3대관념으로 설정하고, 그것을 기준으로 삼아 다양한 종교전통들을 비교하고 설명했다. 특히 개종 이전 본인이 속했던 유교전통에 대해서는 깊은 이해를 기반으로 기독교와의 차이를 명확히 지적했다. 그는 유교의 상제가 조화造化의 주재主宰라는 점에서 기독교의 신과 같다는 논리로 보유론補儒論적인 해석을 받아들이는 한편, 유교에는 "친애親愛하신 은전恩典과 응허應許의 입약立約", "천국의 신민과 영생의 리理", "자비하신 주라 함", "상주上主와 밀접密接한 관계" 등이 없음을 문제점으로 지목하고, 이러한 유교의 문제점은 기독교로의 개종을 통해 해결된다는 성취론적 시각을 제시했다.

## 《성산명경》의 출판과 판본

《성산명경》은 감리교 계통에서 발간한 한국 최초의 신학잡지인 〈신학월보〉에 1907년 제5권 제1호부터 제5권 4·5호까지 총 4회에 걸쳐 연재되었던 〈성산유람긔〉 원고를 증보하여 출간한 단행본이다. 미국 감리교 선교사 죤스George H. Jones가 교열을 맡았다. 본래 〈성산유람긔〉는 《즁뎡 성산명경》의 총 76쪽 가운데 31쪽까지에 해당하는 분량이었다.

《성산명경》의 초판은 1909년 3월 20일 정동황화서재貞洞皇華書齋에서 발행하고 대동광지사大同廣智社에서 인쇄했으며, 재판은 1911년 8월 3일 동양서원東洋書院에서 발행하고 조선인쇄소朝鮮印刷所에서 인쇄했다. 3판은 1912년에 조선야소교서회朝鮮耶蘇敎書會에서 출판되었다. 본서에서는 총 80쪽 분량의 재판을 저본으로 영인하고 독자의 이해를 돕기 위해 주석을 달았다. 이 책은 가로 15cm, 세로 22cm 크기이다.

## 《성산명경》의 저술 목적

《성산명경》은 최병헌이 유교, 불교, 도교 등 전통 동양종교를 신봉하고 있던 사람들에게 기독교를 전도하기 위해 저술한 작품이다. 책 말미에 최병헌이 쓴 발문跋文격의 글을 보면, "유교의 존심양성存心養性하는 윤상지리倫常之理와 석가의 명심견성明心見性하는 공공空空한 법과 선가仙家의 수심연성修心煉性하는 현현玄玄한 술법을 심형心衡으로 저울질"하다가 기독교인이 된 뒤, 신약성경을 읽으면서 "성신의 능력을 얻어 유도와 선도와 불도 중 고명한 선비들에게 전도하여 믿는 무리를 많이 얻을까 생각하다가" 꿈 속에서 성산聖山의 영대靈臺에 이르러 네 사람이 토론하는 모습을 기록했다고 적고 있다. 그리고 이 꿈을 통해 유불선儒佛仙 삼도三道에서 공부하던 사람이라도 성신이 인도하여 토론을 통해 마음이 교통하고 기독교 개종이 가능함을 역설했다.

최병헌은 유교, 불교, 도교에 대한 해박한 지식을 근거로 그들의 핵심 교리를 심성론心性論의 차원에서 각각 존심양성, 명심견성, 수심연성으로 요약하였으며, 전체적인 특징을 윤상지리, 공공한 법, 현현한 술법으로 표현하는 등 전통적인 동양종교에 대한 상당한 수준의 이해를 선보였다. 그리하여 한국사회에 이미 토착화되어 있던 유교, 불교, 도교 등의 전통 동양종교들과 토론과 대화를 통해 기독교로 개종할 수 있는 토대를 닦았다. 이는 선교사들의 일방적인 전도방식과도 다르고 종교다원주의자들처럼 기독교를 상대화시키는 방식과도 다른 것이다.

## 《성산명경》의 내용과 특징

《성산명경》은 창조론, 인간론, 구원론, 인식론, 종말론, 윤리론 등을 주제로 기독교, 유교, 불교, 도교를 대표하는 인물들이 성산의 영대에 모여서 토론하는 형식의 글이다. 여기서 "성산은 곧 믿는 자의 몸이요, 영대는 곧 믿는 자의 마음"이다. 성산의 영대에서 토론을 하는 설정은 심신의 수행을 중시하는 전통 동양종교인 유불선의 핵심적 교리들을 기독교와 비교하면서 본격적인 이성적 토론을 진행하고, 그 과정 중에 한 인간의 몸과 마음이 '성신의 인도에 따라' 점진적으로 개종하는 체험의 경로를 보여줌으로써 개종의 기반을 확립하기 위한 것이다. 대화와 토론을 통한 논리적 설득이 성신의 인도에 따라 개종으로 이어진다는 점은 그가 객관적인 종교학 혹은 철학적 비교가 아니라 종교적 개종을 위한 변증신학을 전개하고 있음을 잘 보여준다.

《성산명경》은 총 4회로 나뉘어진 이야기를 '시왈詩曰'로 표현되는 7언절구 형식의 한시漢詩로 시작한다. 1회는 각각 유교, 불교, 도교, 기독교를 대표하는 진도眞道, 원각圓覺, 백운白雲, 신천옹信天翁이 성산의 영대에서 만나 인사를 하고 다시 만나 본격적인 토론을 하기로 약속한 뒤 헤어지는 대목이다. 2회는 창조론과 인간론, 윤리론 등을 주제로 한 진도와 신천옹의 토론으로 시작하여 물륜物倫과 인륜人倫을 중심으로 한 원각과 신천옹의 토론으로 전개된다. 신관과 인간관을 중심으로 진도에게 기독교가 유교보다 우월함을 역설하던 신천옹은 자연과 인간에 대한 논의를 통해 원각에게 불교의 문제점을 논파했다. 3-4회는 물륜과 인륜에 이어 천륜天倫의 측면에서 불교의 문제점을 설파한 신천옹이 이어서 백운에게 신선설의 문제점을 비판하면서, 기독교의 영육관에 대해 자세히 설명한다. 특히 영혼의 능력을 논하면서 영재靈才로서 각覺, 오悟, 억憶, 사思, 상像 등을 논하고, 심재心才로 욕심慾心, 인정人情, 호오好惡, 시비是非 등을 자세하게 설명하여 백운을 설득하였다. 이러한 대화를 통해 결국 백운, 원각, 진도 순으로 개종을 결정한다.

《성산명경》은 성산이라는 비현실적이고 상징적 공간에서 일어난 일을 작자가 꿈에서 목격한 사실을 스스로 해몽하는 방식으로 기술한 작품으로서, 당시 개화기문학으로 유행했던 토론체소설의 양식과 몽유록夢遊錄의 특징을 활용했다. 이에 따라 인물의 성격에 따른 사건의 전개나 갈등이 없고, 대화 위주로 진행된다. 토론체 형식은 새로운 문명 시대에 걸맞는 새로운 종교로 기존 종교전통을 비판하는 개혁적 발상을 담기에 적합한 방식이었으며, 몽유록적 특징은 종교적 내용을 문학적으로 형상화하기 위한 형식으로 수용되었다. 토론 양식이 종교간 비교와 변증을 위한 체계와 논리를 갖추기 위한 통로였다면, 몽유록적 형식은 일반적으로 이해하기 어려운 종교 교리의 형이상학적 내용을 감성적으로 수용하도록 신비적 연출을 하는 데 일조했다. 이러한 형식적 특징은 서양의 낯선 종교인 기독교를 거부감 없이 토착화하는 데 도움을 주었다.

최병헌은 전통 동양종교 중에서도 유교를 가장 큰 비중으로 다루었다. 최병헌은 유교 지식인이었다가 개종한 인물이었기 때문에 개인적으로 유교의 진면목을 잘 이해하고 있었을 뿐만 아니라, 당시 사회지배층이었던 양반계급의 종교가 유교였기 때문에 유교에 대해 특별히 많은 관심을 보였다. 작품에 한시를 사용한 것도 한문을 사용하는 유교 지식인들과 양반계급을 기독교로 개종시키기 위한 배려였다.

《성산명경》에서 인물들의 등장순서는 진도, 원각, 백운, 신천옹 순이고, 토론의 순서는 진도-신천옹, 원각-신천옹, 백운-신천옹이지만, 개종의 순서는 백운, 원각, 진도 순이다. 인물들의 등장순서와 토론순서는 유교, 불교, 도교, 기독교가 한국종교에 수용된 순서와 당시의 종교문화적 영향력을 반영한 것으로 보이며, 개종의 순서는 그것과 반대의 순서다.

백운은 육체와 영혼의 이원적 구조와 영혼불멸설을 통해 도교의 불로장생설과 신선불사설을 비판하는 신천옹의 설명을 들으면서 선가의 허망함을 깨닫고 기독교로 개종할 것을 제일 먼저 결심했고, 원각은 인간의 윤리를 저버리는 점, 윤회와 업보의 논리가 지닌 문제점, 창조설의 부재, 출가로 인한 반사회성 등에 대한 신천옹의 비판을 듣고 백운의 개종 결심을 지켜본 뒤 따라서 기독교로 개종할 것을 서원했다. 그러나 유교를 대표하는 진도는 가장 마지막까지 완고하게 개종을 거부하다가 종교적 교리에 의한 설복이 아니라 '일등문명국'의 종교적 기반으로서 기독교가 지닌 가치가 '치국평천하의 도리와 정치학술'상 유교가 지닌 유용성보다 우월함을 인정하면서 개종하게 된다.

최병헌은 한국의 전통적인 동양종교인 유교, 불교, 도교에 속하는 사람들이 종교 간의 비교와 변증의 합리적 토론을 통해서 기독교로 개종하는 과정을 묘사함으로써 기독교 수용의 설득력을 강화시키는 한편, 개종의 결실을 '성신의 도우심'으로 설명함으로써 합리적 이성과 종교적 신앙의 적절한 조화를 도모했다.

## 《성산명경》의 의의

《성산명경》은 일제의 강압적인 지배 아래 있던 한국인들이 전통 동양종교와의 비교를 통해 기독교를 수용할 수 있는 합리적 기반을 다졌던 포괄적 성취론의 기독교변증서라고 할 수 있다. 특히 전통적 유교 지식인이었던 저자는 기독교로 개종한 뒤 전통 동양종교에 대한 해박한 지식을 근거로 기독교적 관점에서 타종교와의 비교를 진행하고, 이를 기반으로 기독교가 지닌 외래성을 불식시키고 한국인이 기독교를 보편적 진리를 지닌 종교로 한국인들이 수용할 수 있는 지성적 기반을 제공했다.

한국종교사의 맥락에서 보면, 조선이 저물어가는 시기에 타종교와 기독교를 비교한 최병헌의 변증작업은 조선 초기 정도전鄭道傳

(1342-1398)이 불교와 도교와의 비교를 통해 유교사상의 우월성을 논증했던 《불씨잡변佛氏雜辨》과 《심기리편心氣理篇》에 견줄 만하다.

《성산명경》은 유교를 중심으로 불교와 도교 등의 동양종교전통의 기반이 강했던 20세기초 한국에서 동양종교와 기독교의 사상적 비교를 감행함으로써 합리적 토론과 대화를 통해 지성적 선교 혹은 점진적 개종을 체험하고 지향했던 한국 기독교의 지성적 흐름을 잘 보여준다. 특히 전통 동양종교에 대한 폭넓은 지식과 이해를 기반으로 삼아 토착화와 종교다원주의라는 신학적 과제를 비교종교론과 기독교 변증론적 관점에서 접근한 것은 현대 한국신학의 선구적인 업적으로 주목할 만하다.

박종천
고려대학교 민족문화연구원 교수

# 성산명경

일러두기
1. 한자나 옛말의 경우는 가급적 원문 그대로 남겨 두었으며, 이해를 돕기 위해 한자를 추가 하거나 ( )안에 보충설명을 더했다.
2. 원전의 의미를 변화시키지 않는 범위에서 조사 등의 보조어를 첨가했다.
3. 본문에 사용된 기호 표시 중, ( )안의 내용은 엮은이가 독자의 이해를 돕기 위해 보충설명을 한 것이고, [ ]안의 내용은 원문의 저자가 직접 기재했던 부분으로 각각 구별하여 표시하였음을 밝힌다.
4. 원문 작업의 경우 한국기독교역사박물관의 도움을 받았다. 귀한 자료를 사용할 수 있도록 허락해 주신 박물관 측에 감사를 표한다.

# 성산명경

미국 이학박사 조원시[2] 교열

詩曰
道成天地敷神功　도로 이룬 천지에 신의 공을 폈으니
萬物生生化囿中　만물이 화유化囿[3]가운데 생생하였더라
人獨其間靈性在　사람이 홀로 그 가운데 신령한 성품이 있으니
分明禍福五洲同　분명한 화복이 오주[4]가 같더라

화설話說(이야기를 시작할 때 쓰는 말)이라. 조화의 주재가 천지 만물을 창조하신 후에 세계가 생겼으며 세계 중에 6대 부주가 있으니, 이름은 아세아亞細亞(아시아)와 구라파歐羅巴(유럽)와 아비리가亞非利加(아프리카)와 남·북 아미리가亞美利加(아메리카)와 오사달리아奧斯達利亞(오스트레일리아)요, 다섯 대양大洋이 있으니 이름은 태평양太平洋

---

2. George H. Jones (1867–1910): 미감리회 해외선교부가 최초로 한국에 파송했던 스크랜튼과 아펜젤러에 이어 1888년에 세 번째로 파송한 선교사다. 서울과 인천에서 많은 업적을 남긴 존스는 한문 고전을 자유자재로 읽을 수 있었다. 최병헌은 존스에게 한국어와 한문을 가르쳤고, 한국 역사와 종교 자료를 소개해 주었다.
3. '화유化囿'는 보통 하늘의 조화造化 혹은 임금의 교화敎化가 이루어지는 세계나 영역을 가리키는데, 여기서는 전자를 뜻한다.
4. 지구 위의 다섯 대륙을 의미한다.

과 대서양大西洋과 인도양印度洋과 북빙양北氷洋(북극해)과 남빙양南氷洋(남극해)이며 바닷물이 육지를 포함하여 지구 4분의 1은 육지가 되고 4분의 3은 물이 되었으며, 지구의 주위는 75,600리 가량이요 지구를 직선으로 뚫을진대 24,000리 가량인데 그 중에 생장生長(나서 자람)하는 족속이 세 가지가 있으니, 백인종白人種과 황인종黃人種과 흑인종黑人種이요, 백인종 중에 애란(아리안족, Aryan)과 사미특(셈족, Semite)과 헴이특(함족, Hemite) 인종이 있고, 황인종 중에 아메리칸과 몽고리안 인종이 있고, 흑인종 중에 멜네(멜라네시안, Melanesian)와 인도 인종이 있으니, 황인종은 아시아 땅과 유럽 북편에 많이 살고, 백인종은 유럽과 북미주 북편에 많이 있고, 흑인종은 아프리카 땅과 태평양 섬 중에 많이 사는지라. 각각 제 지방에 생장生長하여 언어가 서로 같지 아니하며 풍속이 또한 다른 것이 많이 있는데 지경을 논하며 나라를 설립하여 백성을 다스리니, 통상通商하기 이전에는 호호망망浩浩茫茫(끝없이 넓고 멀어 아득함)한 바다 밖에 어떠한 나라가 있는지 피차彼此에(서로) 알지도 못하였더라.

재설再說(하던 이야기를 다시 말함). 아시아 동방에 일좌一座(하나의)[5] 명산이 있으니 산세가 문명하고 토지가 기름져 초목이 무성한데 그 산중에 유벽幽僻(한적하고 구석짐)한 동학洞壑(깊숙한 골짜기)이 있고 동학 가운데 절묘한 층대層臺가 있으니, 경개景槪(경치)가 절승絶勝(비할 수 없을 만큼 빼어남)하여 예로부터 도학道學에 배부르고 물외物外(세상 물정의 바깥)에 소요하는 군자들이 산수의 락樂(즐거움)을 취하여

---

5. 여기서 좌座는 산을 세는 단위이다.

왕왕往往히(이따금) 그 산중에 왕래하는 고로 산 이름을 성산聖山이라 하고 대臺 이름을 영대靈臺라 부르니, 중중重重(겹겹이 포개짐)한 봉우리는 옥석을 갈았으며 잔잔한 시냇물은 폭포를 이뤘는데, 삼춘화류三春花柳(봄의 석 달 동안 꽃과 버들이 만발하는 시기) 시時(계절)와 구추풍국九秋楓菊(가을 석 달 동안 단풍과 국화가 만발하는 시기) 절節(절기)에 시인 묵객墨客(글씨를 쓰거나 그림을 그리는 사람)들이 수레를 머무르니, 고시古詩에 이른바 '별유천지비인간別有天地非人間[6]이요, 월만공산수만담月滿空山水滿潭'[7]이라.

강남江南 사람 '진도'라 하는 선비가 성산의 경치를 흠모하여 영대를 찾아갈새 이 사람은 근본 유가의 높은 제자로 공맹孔孟(공자와 맹자)을 존숭尊崇(높이 받들어 숭배함)하며 문장이 이두李杜[8]를 압도하여 사서오경四書五經[9]과 제자백가서諸子百家書[10]를 무불통지無不通知(무엇이든지 환히 통하여 모르는 것이 없음)하며 필법이 또한 절등絶等(보통보다

---

6. 중국 당唐나라 시인 이백李白(701-762)의 한시 《산중문답山中問答》에 나오는 구절이다. '따로 세상이 있지만 인간 세상은 아니다'라는 뜻하는 이 구절은 경험해 보지 못한 새로운 세상을 체험하거나 그런 세상이 왔을 때 사용하는 표현이다.
7. 중국 송宋나라 주희朱熹(1130-1200)가 복건성福建省 북쪽에 위치한 무이산武夷山 구곡의 아름다움을 보고 지은 〈무이구곡가武夷九曲歌〉에 나오는 구절로 '달은 빈 산에 가득하고 물은 못에 가득하다'는 뜻이다.
8. 중국 최고의 양대 시인 이백李白과 두보杜甫를 이르는 말이다.
9. 사서는 《논어論語》, 《맹자孟子》, 《중용中庸》, 《대학大學》을 말하며, 오경은 《시경詩經》, 《서경書經》, 《주역周易》, 《예기禮記》, 《춘추春秋》 다섯 가지 경전을 말한다.
10. 중국 춘추전국春秋戰國시대(BC 8세기 - BC 3세기)에 활약한 여러 학자와 학파의 저서를 뜻한다.

아주 뛰어남)하여 왕우군王右軍[11]의 필체와 류공권柳公權[12]의 서법을 왕왕히 논단論斷하니 세상사람이 진도의 문장 명필名筆을 칭도稱道(칭찬하여 말함)하지 않은 이가 없더라.

이때에 진도가 성산을 찾아가 영대로 올라가니 두견杜鵑(진달래)은 만발하고, 앵성鶯聲(꾀꼬리의 울음소리)은 면만(주위에 가득함)한데, 처처處處에 버들빛은 청류장(푸르름이 넘쳐 흐름)을 드리웠으며, 분분紛紛한(흩날리는) 낙화洛花(모란)들은 금수병錦繡屛(비단에 수놓은 병풍)을 열었으니 삼십육궁三十六宮[13]이 도무지 봄빛이라.[14] 동자童子를 분부하여 청렬淸冽(물이 맑고 차가움)한 시냇물로 향다香茶(향기로운 차)를 다리라 하고 홀로 층대 상에 배회하며 허다한 경개를 일일이 구경하더니, 홀연히 동편 언덕으로 석장錫杖(승려가 짚고 다니는 지팡이)을 이끄는 소리가 은은히 들리거늘 진도가 의심하여 자세히 바라보니 일위一位(한 사람) 화상和尙(승려의 높임말)이 창안백납滄顔白衲(늙고 여윈 얼굴에 흰색의 승복을 입고 있음)으로 가사의袈裟衣(승려가 장삼 위에 왼쪽 어깨에서 오른쪽 겨드랑이 밑으로 걸쳐 입는 긴 네모로 된 천)를 몸에 입고 석장을 짚었으니 청한淸閑(청아하고 한가함)한 모양과 온유한 거동이 불문가지不問

---

11. 중국 진晉나라 서예가 왕희지王羲之(307 - 365)를 일컫는다.
12. 중국 당나라의 정치가이자 서예가로 해서楷書에 능했다.
13. 삼십육궁은 《주역周易》에서 팔괘八卦의 차서次序를 숫자로 합한 수를 가리킨다. 건일乾一부터 곤팔坤八까지 숫자를 모두 합한 36궁이란 숫자는 중앙을 제외한 모든 방위, 즉 360일의 총체적인 시간을 뜻한다.
14. 소옹邵雍(1011 - 1077)이 지은 시 〈관물음觀物吟〉에 나오는 구절을 인용한 것이다. 《격양집擊壤集》16권 〈관물음觀物吟〉

可知(묻지 않아도 알만한) 법계도승法界道僧(진리를 깨달은 승려)이라.

진도를 보고 혼연히 합장 배례 하거늘, 진도 또한 깊이 맞아 한헌[15] 예필禮畢(인사를 끝마침)에 물어 왈曰 "대사는 어디로 좇아 오며 도호道號(불도에 들어간 뒤의 이름)는 뉘라 하느뇨?" 화상이 대답하되 "소승의 이름은 원각圓覺이고 태백산 난야蘭若[16]라 하는 암자에 있는데 성산의 경개를 풍문風聞(바람결에 들리는 소문)하고 한 번 보기를 원하여 왔거니와 감히 묻자오니 선생은 뉘십니까?" 진도 왈 "나는 강남 사는 진도라 하는 사람으로 어려서부터 산수山水에 벽癖(버릇)이 있어 성산을 구경하고자 왔더니 우연이 대사를 이곳에서 해후상봉邂逅相逢(서로 우연히 만남)하니 역려逆旅(여관) 같은 천지 간에 부유浮游(행선지를 정하지 아니하고 이리저리 떠돌아다님) 같은 인생으로 적지 않은 연분이라. 옛적에 진晉 처사處士(조용히 초야에 묻혀 살던 선비) 도연명陶淵明[17]은 혜련惠連 승을 상종하고, 송宋 문장文章(문장가) 소동파蘇東坡[18]는 승천사承天寺에서 교유交遊(서로 사귀어 왕래함)하더니 우리도 유명한 성지에서 이렇게 노는 것이 어찌 고인만 못하리오." 원각이 사

---

15. 한훤寒暄의 잘못 전해진 글자의 음으로, 날씨의 춥고 더움을 묻는 인사를 말한다.
16. 산스크리트어 아란야(阿蘭若, Aranya)의 준말, 수행하기에 좋은 고요한 장소를 일컫는 말이다.
17. 도연명(365 – 427): 육조六朝 최고의 시인으로 불리며 이름은 잠潛이고 호는 오류선생五柳先生이다.
18. 소동파(1036 – 1101): 송나라의 대문호로 본명은 소식蘇軾이다. 아버지 소순蘇洵, 동생 소철蘇轍과 더불어 '삼소三蘇'라 불리며, 3부자가 모두 당송唐宋 팔대가八大家에 속한다. 부賦를 비롯하여 시詩, 사詞, 고문古文 등에 능하였으며, 재질이 뛰어나 서화書畵로도 유명하다. 그의 〈적벽부赤壁賦〉는 불후의 명작으로 알려져 있다.

레 왈, "오늘날 뜻밖에 선생을 평수상봉萍水相逢(부평초浮萍草[19]와 물이 서로 만난다는 뜻으로, 여행 중에 우연히 벗을 만남을 비유적으로 이르는 말)하야 비록 승속僧俗(승려와 세상의 일반 사람)은 다르나 간담懇談(마음을 터놓고 이야기 함)을 허락하시니 감사 무지 하거니와 도 처사(도연명을 이름)는 산승을 이별할 때 호계虎溪[20]를 지났으며, 소 문장(소동파를 이름)은 십팔나한十八羅漢(석가모니의 뛰어난 열여덟 명의 제자)의 화상畫像을 집에 다 모셨다 하니, 선생도 능히 그러한 운치와 정성이 있겠느뇨?"

피차에 가가대소呵呵大笑(한바탕 껄껄 웃음)하고 동자를 불러 다반茶盤을 내오라 하더니, 홀연히 보니 남으로 이상한 구름이 일어나며 동으로 상서의 기운이 뻗치더니 일위一位(한 사람) 도사가 있어 동안학발童顔鶴髮(머리털은 하얗게 세었으나 얼굴은 아이와 같다는 뜻으로, 전설에 나오는 신선의 얼굴을 이르는 말)로 갈건葛巾(갈포葛布[21]로 만든 두건)을 쓰며 도복을 입었는데 청수淸秀(얼굴이나 모습 등이 깨끗하고 빼어남)한 모양이 파리(몸이 마르고 낯빛이나 살색이 핏기가 전혀 없음)한 학과 같은지라. 혼자 말하되 '전일에 성산이 좋다 함을 들었더니 오늘 보매 과연 허언이 아니로다' 하고, 대臺 상에 올라와 두 사람을 보고 길이 읍揖[22]하며 성명을 통하거늘, 진도 답례 왈 "나는 강남 사람 진도이거니와 선

---

19. 물 위에 떠 있는 풀을 의미하는 구절로 정처 없이 떠돌아다니는 신세를 뜻한다.
20. 지금의 강서성江西省 북부北部 구강九江시 여산廬山 서쪽 기슭 동림사東林寺 아래에 흐르는 냇물.
21. 칡 섬유로 짠 베.
22. 두 손을 맞잡아 얼굴 앞으로 들어 올리고 허리를 앞으로 공손히 구부렸다가 몸을 펴면서 손을 내리는 인사법이다.

생의 도호는 뉘십니까?" 도사 대답하여 왈 "나는 구름처럼 종적이 정처 없이 다니오니 이른바 천지에 무가객無家客(집이 없는 나그네)이요, 강호江湖에 유발승有髮僧(머리를 깎지 않은 승려로 불도를 닦는 속인俗人)이라. 세상사람이 부르기를 백운白雲이라 하나이다."

진도 왈 "선생이 정처 없이 다닐진대 유람한 곳이 응당 많을지라. 천하의 경개가 이 성산보다 나은 데가 몇 곳이나 있더이까?" 도사 답왈 "내가 일찍이 공동산崆峒山[23]에 놀아 광성자廣成子[24]의 유적을 구경하고, 상산商山[25]으로 올라가 동원공東園公[26]의 불로초를 먹었으며, 동정호洞庭湖[27]로 지나가다가 여동빈呂洞賓[28]의 놀던 곳을 보았으며, 서西로 요지瑤池[29]를 찾아가서 왕모王母[30]를 보려 하였더니,

---

23. 중국 감숙성甘肅省 평량시平凉市에 위치한 '도교의 제일산'으로 도교 12선산의 하나이다.
24. 상고시대에 살았던 신선으로 공동산崆峒山에서 수련했다고 알려져 있다.
25. 중국 섬서성陝西省 상현商縣 동쪽에 있는 산으로, 사호四皓가 진시황제의 난리를 피하여 숨은 곳으로 알려져 있다. 사호(상산사호商山四皓)는 동원공東園公, 기리계綺里季, 하황공夏黃公, 각리角里(녹리角里라고도 함) 선생을 말하며, 호皓란 본래 희다는 뜻으로 이들이 모두 눈썹과 수염이 흰 노인이었다는 데서 유래한다.
26. 진秦대에서 한漢대에 걸쳐 생존했던 상산사호商山四皓 중 한 사람이다.
27. 호남성湖南省 북부에 위치하며 중국에서 두 번째로 넓은 담수호다.
28. 팔대선인八仙 중 한 명으로 서기 750년경의 학자이자 은자이다. 흔히 여조呂祖라 불리는 그는 중국 도교의 정통파인 전진교全眞敎의 뿌리로 인식되고 있고, 11세기부터는 신선의 대표로 알려져 왔다.
29. 신선이 살았다고 알려진 중국 곤륜산崑崙山을 의미하며, 주나라 무왕穆王이 서왕모西王母를 만났다는 이야기로 유명하다.
30. 서왕모西王母: 중국 상대上代에 불사약을 가진 선녀仙女로 신봉되었다.

청조새(서왕모의 새)가 전갈하되 우리 낭랑[31]이 동방삭東方朔[32]에게 삼천년 반도를 세 번 잃고 분노하여 지금은 영산도장靈山道場으로 종적을 탐지하러 갔다 하기로 보지 못하고 왔거니와 나의 안목으로는 청정하고 번화한 곳이 성산보다 더 좋은 데가 없을까 하나이다."

이 때에 원각이 또한 쌍수雙手(두 손)로 화남和南(합장)하고 한헌 예禮를 행한 후에 3인이 상대하여 수작酬酌(말을 주고받음)이 여류如流(물 흐르듯) 하더니, 말을 마치지 못하여 박탁剝啄(똑똑 두드림)하는 소리 들리며 어떠한 일위 소년이 죽장마혜竹杖麻鞋(대나무 지팡이와 짚신과 표주박과 같은 간단한 행장)로 표연히 올라오니 기상이 늠름하고 청풍이 불불弗弗(크게 일어나는 모양)한지라. 각각 일어나서 한헌 예필禮畢에 좌座(자리)를 정하고 성명을 통하니, 소년이 공경 대왈 "양위兩位(두 분) 선생과 일위一位(한 분) 대사의 존함은 들었거니와 소제小弟(말하는 이가 대등한 관계에 있는 사람이나 윗사람을 상대하여 자기를 낮추어 이르는 말)는 근본 고려국高麗國 사람으로 성은 을지乙支요, 명은 학學이옵더니 공부에 뜻이 있어 서책을 등에 지고 스승을 찾아갈새 호숫물을 지나더니 어떠한 새가 있어 오리 같이 물 위에 떠다니되 입은 항상 하늘로 우러러 물속에 고기들이 공중에 뛰놀다가 우연이 입으로 들어오면 주린 창자를 요기하고 일호一毫(한 가닥의 털이란 뜻으로 아주 작은 정도를 비유함)도 해물지심害物之心(사물을 해치려는 마음)이 없어

---

31. 낭랑娘娘은 왕족이나 귀족의 부인을 높이는 말인데, 여기서는 서왕모를 가리킨다.
32. 중국 전한前漢시대의 문인으로 해학·변설辯舌·직간直諫으로 이름이 났다. 속설에 서왕모西王母의 복숭아를 훔쳐 먹어 장수하였으므로 삼천갑자 동방삭이라고 이른다.

사욕을 거절하고 천명을 순수循守(규칙이나 명령 등을 그대로 좇아서 지킴) 하는지라. 소제가 그 새를 보고 마음이 감동하여 혼자 생각하되 '만물 중에 지극히 귀한 것은 사람이로되 사욕을 이기지 못하여 비기지사肥己之事(자기 몸만 이롭게 하는 일)만 생각하고 다른 사람에 해害되는 것은 생각지 아니하는 자, 저 새만 같지 못하도다' 하고 그 새의 이름을 그곳 어부에게 묻되 대답하되 신천옹信天翁[33]이라 하옵기로 소제도 성명을 고쳐 신천옹이라 하였으나 지금도 항상 사욕에 빠져 죄를 지을 때가 많삽나이다."

진도 흔연히 웃고 말하되, "그대의 말씀을 들은즉 공부가 높은 선비인줄 알거니와 심상尋常(대수롭지 아니함)한 새를 보고 이름을 고치는 것은 용혹무괴容或無怪(그럴 수도 있으므로 괴이할 것이 없음)로되 성姓까지 바꿈은 너무 심하도다. 성이란 것은 조상을 존경하는 자가 어찌 경홀輕忽(말이나 행동이 가볍고 소홀함)히 바꾸리오. 망명하는 죄인 외에는 실로 못할 일인 줄 아노라."

신천옹이 답왈 "선생의 말씀이 실로 오괴迂怪(물정에 어둡고 괴상함)하도다. 성명이란 것이 근본 조상 때부터 하나님이 작정하여 주신 것이 아니라 사람이 그때 형편과 경우를 좇아 변하나니 그런고로 기

---

33. 슴새과의 바닷새 앨버트로스albatross를 말함. 여기서는 하늘을 믿는다는 뜻을 살리기 위해 쓴 것이다.

자기자箕子[34]는 근본 자子 씨 성이지만 기箕 땅에 봉함으로 기箕 씨가 되었고 그 후 자손들은 혹 선우鮮于 씨와 한韓 씨도 되었으며, 노魯나라 전금展禽은 유하柳下읍에 봉함으로 이름을 유하혜柳下惠[35]라 한지라. 만약 선생의 말씀과 같을진대 강자아姜子牙[36]를 어찌 여상呂尙이라 하며, 리미[37]를 어찌 마태라 하나이까?"

진도 능히 답하지 못하는지라. 소년에게 억울함을 분하게 여겨 석양夕陽이 재산在山(산에 있음)함을 칭탁稱託(핑계를 댐)하고 동자를 분부하여 행리行李(행장)를 수습하게 하거늘 신천옹이 말하되 "옛적에 향산香山[38]에는 구로회九老會[39]가 있었으며, 죽림竹林에는 칠

---

34. 성성姓은 자자子, 이름은 서여胥余. 기箕(지금의 산서山西 태곡太谷)에 봉해져 기자箕子라고 한다. 상商의 태정제太丁帝의 아들로서 주왕紂王의 숙부이다. 농사와 상업, 예법 등에 두루 능통하였으며, 상을 떠나지 않고 주왕의 폭정에 대해 간언하다 유폐되었는데, 상이 멸망한 뒤 유민들을 이끌고 북쪽으로 이주하였다. 비간比干, 미자微子와 함께 상 말기의 세 명의 어진 사람으로 꼽힌다.
35. 원래 성은 전展, 이름은 획獲. 중국 춘추시대 노나라 사람으로 유하柳下읍에 봉해졌고, 그의 시호 혜를 따라 사람들이 그를 유하혜柳下惠라고 불렀다. 그는 중국 전통 도덕의 전범으로 여겨지며, 생활태도가 지극히 단정했다고 한다.
36. 주 왕조의 제후국 제齊나라의 시조 강태공姜太公을 말하며 본명이 여상呂尙이다. 본래 상商나라의 폭군 주왕紂王 밑에 있었으나 주왕의 폭정 때문에 상을 떠나 주周나라에 투신해 중국 역사상 가장 유명한 재상이 되었다.
37. 마태가 예수를 만나기 전의 이름인 '레위'를 말하는 것으로 보인다.
38. 중국 하남성河南省 낙양현洛陽縣의 용문산龍門山 동쪽에 있는 산.
39. 중국 당나라의 백거이白居易가 향산에 은거하며 부근의 아홉 노인과 함께 주연酒宴과 시회詩會를 가졌던 고사에서 유래한다. 《신당서新唐書》〈백거이전白居易傳〉, 《백낙천시집白樂天詩集》 등에 이 고사가 기록되어 있다.

현七賢이 상종하고,[40] 죽계竹溪에는 육일六逸이 놀았으며,[41] 상산商山에는 사호四皓가 있었더니, 우리도 우연이 성산에서 평수상봉萍水相逢하여 간담肝膽(간과 쓸개를 아울러 이르는 말로, 속마음을 비유적으로 이르는 말)이 상조相照(서로 대조함)하오니 이른바 백아伯牙[42]의 거문고가 종자기鍾子期를 만났으며, 영문郢門[43]의 백설곡白雪曲[44]이 지음知音(거문고 소리를 듣고 안다는 뜻으로, 자기의 속마음까지 알아주는 친구)을 만난지라. 풍류의 아담雅澹함(고상하고 담백함)이 어찌 고인만 못하리오. 금일은 일력日力이 저물기로 흉회胸懷(가슴속에 품은 회포)를 토론하지 못하고 거연遽然히(갑작스럽게) 작별하오니 실로 창연愴然(서운하고 섭섭함)한지라. 명일明日(내일) 다시 이곳에 모여 경개도 구경하고 청담淸談(맑고 고상한 이야기)으로 토론하여 소제 같은 우매한 소견을 밝히 가르쳐 주심이 어떠니이까." 백운과 원각은 흔연히 응낙應諾(응하여 승낙함)하고, 진도는 재삼 주저하다가 명일로 기회期會함(만나기로 약속함)을

---

40. 죽림칠현竹林七賢: 대나무 숲의 일곱 현인賢人으로 중국 진晉나라 초기 유교의 형식주의를 무시하고, 노장老莊의 무위사상을 숭상하며 죽림에서 청담淸談을 나누며 지내던 일곱 선비, 곧 완적阮籍, 완함阮咸, 혜강嵇康, 산도山濤, 향수向秀, 유영劉伶, 왕융王戎 등을 일컫는다.
41. 죽계육일竹溪六逸: 중국 호북성湖北省 죽계현竹溪縣의 죽계竹溪에서 벗하여 놀았던 여섯 현인, 즉 이백李白, 공소보孔巢父, 한준韓準, 배정裵政, 장숙명張叔明, 도면陶沔을 일컫는다.
42. 중국 춘추시대의 거문고의 명인. 그의 거문고 소리를 즐겨 듣던 친구 종자기鍾子期가 죽자 자기의 거문고 소리를 이해하는 사람을 잃었다고 슬퍼한 나머지 거문고의 줄을 끊고 일생 동안 거문고를 타지 않았다는 고사가 있다.
43. 춘추 전국 시대 초楚나라의 도성都城. 지금의 호북성湖北省 강릉현江陵縣.
44. 거문고에 맞추어 부르던 초나라의 음악.

허락하고 각각 촌락을 찾아가 유숙留宿(묵음)하니 아지 못거라(알 수 없구나).

이 네 사람이 흉회胸懷를 어떻게 토론했는지는 하회下回(다음 회)를 보라.

詩曰
萍塲車笠不期來　마름[45] 마당의 거립車笠(수레와 삿갓)이 기약 없이 왔으니
管韻牙絃共一盃　관중管仲의 운[46]과 백아伯牙의 줄(현)이 한 잔 술을 같이 하였더라
四友論襟猶未了　네 벗이 논금論襟(마음 속 생각을 이야기함)하기를 오히려 마치지 못하여
夕陽山色倒靈臺　석양의 산 빛이 영대에 거꾸러지더라

그 이튿날 아침에 신천옹이 일찍 일어나 생각하되 '어제 성산에서 만났던 사람들이 자품資稟(사람된 바탕과 타고난 성품)도 준수하고 총명

---

45. 한해살이풀의 일종으로 진흙 속에 뿌리를 박고, 줄기는 물속에서 가늘고 길게 자라 물 위로 나오며 깃털 모양의 물속뿌리가 있다. 잎은 줄기 꼭대기에 뭉쳐나고 삼각형이며, 잎자루에 공기가 들어 있는 불룩한 부낭浮囊이 있어서 물 위에 뜬다. 여름에 흰 꽃이 피고 열매는 식용한다. 연못이나 늪에 나는데 한국, 일본, 중국 등지에 분포한다.
46. 중국 춘추시대 제齊나라 재상으로 환공桓公을 도와 군사력의 강화, 상업의 육성을 통하여 부국강병을 꾀하였다. 소년시절부터 평생토록 변함이 없었던 포숙아鮑叔兒와의 깊은 우정은 '관포지교管鮑之交'라 칭해지며 이들 두 사람의 우정에 대한 여러 한시 형태의 고사가 전한다.

도 절등絶等(아주 두드러지게 뛰어남)하나 모양을 보건대 하나도 하나님의 은혜를 모르는 사람이라. 어찌 탄식할 일이 아니리요. 내가 아무쪼록 권면하여 구세주를 믿게 하리라.' 이에 엎드려 하나님께 기도하고 조반朝飯(아침밥)을 마친 후에 즉시 영대를 찾아가니 한 사람도 온 이가 없는지라. 좌우를 돌아보니 청산靑山 일야一夜(하룻밤)에 춘광春光이 담탕淡蕩(맑고 화창함)하여 동원도리東園桃李(동쪽 동산의 복숭아와 자두) 복사꽃은 찬이슬을 머금었고, 한식동풍寒食東風(한식에 부는 동풍, 봄바람) 버들빛은 섞인내를 띠었는데(함께 어우러졌는데), 시인묵객詩人墨客(글씨를 쓰거나 그림을 그리는 사람)의 소회所懷(마음속에 품고 있는 회포)를 도도滔滔(감흥 따위가 북받쳐 누를 길이 없음)하여 시편을 외우더니, 백운과 원각이 막 대臺를 연하여 함께 와서 신천옹을 보고 야래夜來(밤사이)에 무양無恙(몸에 탈이 없음)함을 인사하거늘 신천옹이 답례 왈 "양위兩位(두 분) 선생은 기약을 저버리지 아니하고 신근信謹(믿음직하고 조심성이 많음)히 찾으시니 이른바 유신有信(믿음성이 있음)한 군자요, 허심許心(마음을 허락함)하는 친구로다."

피차彼此 수작酬酌(서로 말을 주고받음)하며 진 선생의 오지 않음을 한탄하더니 수유茱萸(수유나무 사이)에 진도가 동자로 하여금 차관茶罐(차를 끓여 담는 그릇)을 이끌고 품자品字(삼각으로 벌려 놓은 형상)의 안경과 지자之字(좌우로 내디디며 걷는 모양을 비유적으로 이르는 말)의 걸음으로 완완緩緩(동작이 느리고 더딤)히 올라오니 진중鎭重(무게가 있고 점잖음)한 거동과 엄숙한 모양이 짐짓 성현聖賢 문하門下(가르침을 받는 스승의 아래)에 도고학자道高學者(도덕적 수양이 높은 학자)라. 각각 일어나 좌정

예필禮畢에 신천옹이 가로되 "선생의 오심이 어찌 그리 더디시었나이까." 진도 왈 "그대가 옛 글을 보지 못하였느뇨. 춘소고단일고기春宵苦短日高起[47]라 하였으니 늦게 일어남은 춘곤春困(봄날에 느끼는 나른한 기운)을 인함이요, 공자 가라사대 '족용중足容重(발걸음은 묵직하게 함)'[48]이라 하셨으니 빨리 오지 못함은 행보行步(걸음)의 서서徐徐함(천천함)이라. 그대 같은 소년은 힘만 믿고 경도輕跳(경솔히 뜀)하거니와 노부老夫는 일찍이 성문聖門(성인의 도道)에 공부하여 훈계를 지킬 뿐 아니라 기력이 차차 쇠패衰敗(쇠하여 약해짐)함으로 자연히 늦었노라."

신천옹이 가로되 "선생의 말씀이 가장 이상하도다. 소제는 아는 것이 없거니와 춘소고단일고기春宵苦短日高起는 당 현종玄宗[49]이 귀비貴妃[50]에게 침혹沈惑(무엇을 몹시 좋아하여 정신을 잃고 거기에 빠짐)함을 백낙천白樂天(백거이白居易)이 조소한 말씀이요, 재아宰我[51]라 하는 제자가 낮에 잠자거늘 공자가 꾸짖어 가라사대 '썩은 나무는 가히 새길

---

47. 중당中唐 시기에 활동했던 백거이白居易(772-846)의 대표적 작품인 〈장한가長恨歌〉에 나오는 구절로 '봄밤은 아주 짧아 해가 이미 높이 솟았다'는 뜻이다.
48. 군자가 지켜야 할 아홉 가지 몸가짐을 말하는 구용九容의 하나로 《예기禮記》〈옥조玉藻〉 편에 나온다.
49. 당나라의 제6대 황제(685-762). 초년에는 정사政事를 바로잡아 '개원開元의 치治'라고 불리는 당나라의 융성기를 이루었으나, 만년에 양귀비를 총애하고 간신에게 정치를 맡겨 '안녹산安祿山의 난'을 초래하였다.
50. 양귀비楊貴妃(719-756): 이름은 태진太眞. 춤과 음악에 뛰어나고 총명하여 현종의 총애를 받았으나 '안녹산安祿山의 난' 때 살해당했다.
51. 중국 춘추시대 노魯나라 유학자로 본명은 재여宰予다. 공문십철孔門十哲(공자孔子의 문하에서 나온 열 사람의 뛰어난 제자)의 한 사람으로 어학에 뛰어나 제齊나라의 임묘대부臨苗大夫가 되었다.

수 없고, 분토糞土(썩은 흙)의 담은 가히 더럽게 할 수 없다'[52] 하셨으며 '일찍이 일어나고 밤들게(밤이 깊어지면) 자라' 함은 유가서儒家書의 말씀이라. 선생이 외모로는 성현을 존중하나 실상은 성현의 훈계를 범하심이다."

진도 불열不悅(기쁘지 아니함) 왈曰 "연소배年少輩(나이가 어린 무리)가 어른을 논박하는 것이 제례諸禮(여러 가지 예의 범절)가 아닐까 하노라." 신천옹이 또한 가로되 "공부자孔夫子(공자)는 배우기를 싫어하지 않으시고 가르치기를 게을리 않으신다 하셨으니 선생은 유교에 높으신 제자라, 두어 마디 말씀으로 소제를 가르쳐 의심을 파혹破惑(의혹을 풀어 버림)케 하심이 어떠하니이까?" 진도 왈 "낙낙諾다(그렇다). 그대의 말을 들은 즉 이른바 유자孺子(나이 어린 남자)를 가교可教(능히 가르칠 수 있음)로다."

신천옹이 묻되 "광대한 천지간에 일월日月이 명랑하고 만물이 번성하오니, 당초當初에 이 세계가 어떻게 생겼다 하나이까."

진도 왈 "《주역》에 가로되 '대재大哉라(크도다) 건원乾元(하늘)이여, 만물을 비롯하며, 지재至哉라(지극하도다) 곤원坤元(땅)이여, 만물을 생生한다'[53] 하였으니, 건도乾道(하늘의 도)는 양이 되고 곤도坤道(땅의 도)

---

52. '공자가 말씀하시기를 썩은 나무에는 조각을 할 수 없고, 거름흙으로 쌓은 담장은 흙손질을 할 수가 없다'(자왈子曰, 후목朽木, 불가조야不可雕也, 분토지장糞土之墻 불가후야不可朽也)는 의미로 《논어論語》〈공야장편公冶長篇〉에 나오는 구절이다.
53. 이 구절은《주역周易》의 중천건괘重天乾卦 단전象傳의 "대재건원大哉乾元, 만물자시萬物資始"와 중지곤괘重地坤卦 단전象傳의 "지재곤원至哉坤元, 만물자생萬物資生"을 번역한 것이다.

는 음이 되어 음양의 이기理氣(우주의 본체로서의 이리와 그 현상인 기氣를 말함)로 만물을 생생한 것이라. 주부자朱夫子[54] 가라사대 '하늘은 아버지요, 땅은 어머니시니, 사람이 그 가운데 생하여 다 천지의 자식이 된다'[55] 하시고, 주렴계周濂溪[56] 가로되 '무극無極이 태극太極이 되어 조화의 추기樞機(몹시 중요한 사물의 부분)를 이루려 하였으니 태극의 이치로 양의兩儀(양과 음)와 사상四象[57]이 생하고 오행五行[58]의 기운으로 만물이 생긴다'[59] 하노라."

신천옹이 가로되 "선생의 말씀이 가장 유리有利(이로움이 있음)하거

---

54. 중국 송대의 유학자 주희朱熹(1130-1200)를 말하며 부자夫子는 높임말이다. 성리학性理學을 집대성한 그의 학문을 주자학이라고 한다. 주요 저서로는 《사서집주四書集註》, 《근사록近思錄》, 《자치통감강목資治通鑑綱目》등이 있다.
55. 《근사록近思錄》〈위학편爲學篇〉에서 인용한 대목이다. "건부곤모乾父坤母, 이인생기중而人生其中, 즉범천하지인則凡天下之人, 개천지지자야皆天地之子矣."
56. 중국 송나라의 유학자 주돈이周敦頤(1017-1073)를 말함. 지방관으로서 각지에서 공적을 세운 후 만년에는 여산廬山의 염계서당濂溪書堂에 은퇴하였기 때문에 문인들이 염계선생이라 불렀다. 그는 도가사상의 영향을 받고 새로운 유교이론을 창시하였다. 즉, 우주의 근원인 태극太極(무극無極)으로부터 만물이 생성하는 과정을 도해圖解하여 '태극도太極圖'를 그리고 태극 → 음양陰陽의 이기二氣 → 오행五行 → 남녀 → 만물의 순서로 세계가 구성되었다고 논하고, 인간만이 가장 우수한 존재이기 때문에, 중정인의中正仁義(적절하고 바르며 어질고 의로움)의 도를 지키고 마음을 성실하게 하여 성인이 되어야 한다는 도덕과 윤리를 강조하고, 우주생성의 원리와 인간의 도덕원리는 본래 하나라는 이론을 제시하였다. 저술로 《태극도설太極圖說》, 《통서通書》 등이 있다.
57. 음양陰陽의 네 가지 상징, 곧 태양太陽, 소양少陽, 태음太陰, 소음少陰을 말함.
58. 우주 만물을 이루는 다섯 가지 원소 금金, 수水, 목木, 화火, 토土를 지칭함.
59. 주돈이의 《태극도설太極圖說》의 내용을 변형하여 인용한 것이다.

니와 도徒(다만)[60] '지기일知其一이요, 미지기이未知其二'[61]니다. 주회암朱晦菴(주희朱熹)의 격치서格致書(격물치지格物致知[62]에 관한 책)에 가로되 '태극은 실상 이치뿐이라. 이치가 합벽闔闢(닫고 열고 함)하는 문호門戶(외부와 교류하기 위한 문, 즉 수단)와 지도리(돌쩌귀)[63]가 되어야 남녀와 만물의 생생生生(생기가 왕성함)하는 근본이 된다' 하고, 또 가로되 '이치란 것은 정의情意(감정과 의지)도 없고 계교計巧함도 없고 조작함도 없다'[64] 하였으나, 태극의 이치가 만일 정의와 조작함이 없을진대 지혜智慧와 신령神靈도 없는 것이니 어떻게 허령지각虛靈知覺(마음에 잡된 생각이 없고 지극히 신령하여 모든 사물을 꿰뚫어 보고 이치를 깨달음)이 있는 사람과 만물을 생生하며, 또한 건곤이기乾坤理氣와 음양오행陰陽五行으로 만물이 생긴다 하시니 건곤음양乾坤陰陽은 당초에 어디서 생겼다 하시나이까."

진도 왈 "그러하면 그대는 천지만물이 어떻게 이루어졌다고 하느뇨?"

신천옹이 답왈 "반드시 전지전능하신 하나님의 조화로 천지만물

---

60. 본문에는 '도徒'라고 되어 있지만, '徙'의 음은 '도'가 아니라 '사'이며, 여기서는 '도徒'자를 잘못 표기한 것으로 보인다.
61. 지기일미지기이知其一未知其二는 '하나만 알고 둘은 모른다'는 뜻으로, 사물의 가려진 사리事理나 내면의 이치를 모른다는 의미의 고사성어다.
62. 《대학大學》에 나오는 말로 모든 사물의 이치理致를 구명하여 자기의 지식을 확고하게 하는 것을 말한다.
63. 문짝을 문설주에 달아 여닫는 데 쓰는 두 개의 쇠붙이. 통상적으로 암짝은 문설주에, 수짝은 문짝에 박아 맞추어 꽂는다.
64. 《주자어류朱子語類》 1:13, '리각무정의理卻無情意, 무계탁無計度, 무조작無造作'

을 창조하신 것이라. 음양오행은 천지일월天地日月과 금목수화토金木水火土를 가르쳐 말씀함이오나, 천지오행은 하나님께 만드심을 받은 물건으로 아무 권능이 없거늘 어찌 만물을 생生하리오. 음양을 분석하여 의론議論(서로 의견을 주고 받음)할진대 하늘은 양이요 땅은 음이라 하며, 해는 양이요 달은 음이라 하며, 사나이는 양이요 여인은 음이라 하며, 봄과 여름은 양이요 가을과 겨울은 음이라 하며, 낮은 양이요 밤은 음이라 하며, 산 남쪽은 양이요 산 북쪽은 음이라 하며, 사람의 사는 것은 양이요 죽는 것은 음이라 하고, 짐승의 수놈은 양이요 암놈은 음이라 하니, 이로 좇아 보건대 음양이란 것은 물건이 있은 후에 이름을 지어 말할 수 있는 것이라. 만일 천지일월과 주야晝夜(낮과 밤), 한서寒暑(추위와 더위)와 남녀 자웅雌雄(암컷과 수컷)이 없다면, 음양이기陰陽理氣라 하는 것을 어느 곳에 붙여 말하리오. 그런즉 물건이 생긴 후에 있는 음양이 능히 물건을 낼 수 없는 것이요, 또한 '금목수화토' 오행이란 것은 한 물질이니 사람의 날로 쓰고 먹고 마시는 물건이라. 금석金石과 토목土木으로 집을 지으며, 수화水火로는 음식을 하는 데 필요한 자료를 삼나니 오행이 사람에게 요긴한 물질이라. 이제 금목수화토를 한 곳에 두고 보면 그 형질을 스스로 요동할 수도 없고 쓸만한 그릇을 이루지도 못하여 반드시 사람의 손을 의지하여 내왕來往(오고 감)도 하고 그릇도 이루나니 이러한 물질이 어떻게 만물을 내게 하리오. 이로 좇아 궁구할지라도 음양오행이 능히 사람을 내지 못함이 분명한지라. 대개 하나님께서 만드신 바 중에 두 가지가 있으니 하나는 물체요, 다른 하나는 영혼이라. 물체란 것은 일월성신과 금목수화토 같은 것이니 아무 지각도 없고 영위營爲(무슨 일을 해 나감)도 없어 사람의 일용日用(날마다 씀)하는 물건이 되고, 영혼이란 것은 형상이 없는 중에 허령감각虛靈感覺(마음에 잡된 생각이 없고 지극히 신령하여 바깥 사물의 자극을 알아차림)과 양지양능良知良能(교육이나 경험에 의하지 않고 선천적으로 사물을 판단하고 행할 수 있는 마음의 작용)이 있어 능히 물건을 제조도 하고 능히 천지일월을 추측하여 헤아릴 수도 있고, 초목금수草木禽獸(풀, 나무, 날짐승, 길짐승을 통틀어 이르는 말)를 능히 부리며 배양할 수도 있나니, 무지무능無知無能(아는 것이 없고, 능력이 없음)한 태극이 어찌 능히 세계를 창조하였으리요. 반드시 전능하신 주재主宰가 천지만물을 만드셨다 하나이다."

진도 왈 "《시전詩傳》[65]에 가로되 '하늘이 여러 백성을 내신다'[66] 하고, 《중용中庸》[67]에 가로되 '하늘이 명하신 것을 이르되 성품이라'[68] 하고, 공자 가라사대 '하늘이 무슨 말씀을 하시리요. 사시四時가 행하며 만물이 생육生育한다'[69] 하셨으니, 하늘이 만물을 내신 것이야

---

65. 기원 전 1세기부터 8세기 전후에 이르는 중국 고대시를 수록한 《시경詩經》의 내용을 알기 쉽게 풀이한 책. 여기서는 주석을 한 것이 아니라 《시경》 본문을 인용했다.
66. 《시경詩經》〈대아편大雅篇·탕지습蕩之什·증민蒸民〉, '천생증민天生蒸民, 기명비심其命匪諶'의 형태로 쓰여 '하늘이 낸 뭇 백성이 그 명을 믿지 않는다'는 뜻이다.
67. 공자의 손자인 자사子思의 저작으로 알려져 있으며 사서四書의 하나다.
68. 《중용中庸》 제1장에 나오는 첫 번째 구절로 '천명지위성天命之謂性, 솔성지위도率性之謂道, 수도지위교修道之謂敎'로 이어지는데, 이를 해석하면 "하늘이 명한 것을 성性이라 하고, 성을 따르는 것을 도道라 하고, 도를 닦는 것을 교敎라 한다"는 뜻이다.
69. 《논어》〈양화陽貨〉, '자왈子曰 천하언재天何言哉, 사시행언四時行焉, 백물생언百物生焉'

뉘가 모른다 하리오."

신천옹이 또 가로되 "정명도程明道[70] 말씀하되 '그 형체形體로써 하늘이라 하고 그 주재主宰로써 상제라'[71] 하였으니, 상제와 하늘이란 것이 특별히 다르거늘 유서儒書(유학의 서적)에는 분간이 없이 일체로 말씀하여 획죄우천獲罪于天[72]이라, 천명지위성天命之謂性[73]이라, 천생증민天生蒸民[74]이라 하고, 유황상제강충우민惟皇上帝降衷于民[75]이라, 황의상제임하유혁皇矣上帝臨下有赫[76]이라, 상제임여上帝臨汝시니 무이이심無貳爾心[77]이라 하였으니, 심히 홀륜囫圇(모호하고 또렷하지 않음)하고 몽룡矇矓(흐리고 어리석음)한지라. 우리 성경에 예수 가라사대 '하늘은 상제의 좌처坐處(앉을 자리)가 되고 땅은 상제의 발판이라' 하였으니, 이제 천지는 집과 같고 상제께서는 집의 주인과 같으시니, 집이란

---

70. 중국 북송北宋 중기의 유학자 정호程顥(1032 - 1085)로 《정성서定性書》〈식인편識仁篇〉라는 책을 남겼다. 그러나 해당 인용문은 형인 명도선생 정호가 아니라 동생인 이천선생 정이程頤의 어록이다.
71. 《이정유서二程遺書》〈이천어록伊川語錄〉, '이형체언지위지천以形體言之謂之天, 이주재언지위지제以主宰言之謂之帝'
72. 《논어》〈팔일편八佾篇〉의 '획죄우천獲罪于天, 무소도야無所禱也'에서 인용한 것이며 "하늘에 죄를 지으면 빌 곳이 없다"는 말이다.
73. "하늘이 명한 것을 성性이라 함." (각주 67번 참고)
74. "하늘이 낸 백성." (각주 65번 참고)
75. 《서경書經》〈상서商書-탕고편湯誥篇〉에 나오는 구절로 "하늘의 상제는 백성에게 올바른 마음을 내리신다"라는 뜻이다.
76. 《시경》〈대아편大雅篇-생민지십生民之什-황의皇矣〉에 나오는 구절로 '위대하신 상제께서 빛나게 땅 위에 강림하사'라는 뜻이다.
77. 《시경》〈대아편大雅篇-문왕文王〉에 나오는 구절로 '상제가 네게 임하시니, 네 마음에 의심하지 마라'는 뜻이다.

것은 또한 주인의 지은 바 되어 아무 지각도 없는 물건이요, 집안의 모든 일은 다 그 집 주인이 처결處決(결정하여 조처함)하는 것이거늘, 이제 '하늘이 만물을 낸다' 함은 '하나님의 집이 낸다' 함과 같으니 어찌 그릇된 것이 아니리요, 가령 황제 폐하께서 조칙詔勅(조서)을 내리시거든 백성들이 말하기를 '궁궐이 조칙을 내린다' 하고 '궁궐을 숭봉崇奉(거룩하게 여겨 떠받듦)하자' 하면 의리에 합당하겠느뇨? 공자가 가라사대 '선을 행하는 자는 하늘이 복으로써 갚고 악을 행하는 자는 하늘이 앙화殃禍(죄악의 과보로 받는 재앙)로써 갚는다'[78] 하였으니 이것은 하늘이 곧 주재이신 줄 앎이라. '하늘 천天'자와 '상제上帝'란 글자가 어찌 같은 뜻이라 하나이까. 그런고로 양인梁寅의 《역주易註》에 가로되 '제帝라 하심은 신의 이름이요, 신神은 상제의 영이니 만물을 주재하신다'[79] 하고, 자하子夏[80] 《역전易傳》에 가로되 '제자帝者는 조화의 주재요 천지의 조종이라'[81] 하고, 또한 우리 성경에 가라사대 '태초에 상제께서 천지만물을 창조하셨다' 하였으니, 하늘이 만물

---

78. 《공자가어孔子家語》〈재액편在厄篇〉에 나오는 구절로 원문은 '자왈子曰, 위선자爲善者, 천보지이복天報之以福, 위불선자爲不善者, 천보지이화天報之以禍'이다.
79. 양인은 원元나라 유학자이고, 《역주》는 그의 저술인 《주역참의周易參義》를 가리킨다. 해당 인용문은 양인梁寅, 《주역참의周易參義》10권 〈설괘전說卦傳〉에 나오는 구절로, 원문은 '제자帝者, 신지명神之名, 신자神者, 제지령帝之靈, (중략) 주재만물자主宰萬物者, 제야帝也.'이다.
80. 중국 춘추 시대의 유학자(BC 507 – BC 420)로 본명은 복상卜商이다. 공자의 제자로 공문십철孔門十哲의 한 사람이다. 그의 학문은 시와 예에 통하였고, 《시서詩序》, 《예지禮志》, 《역전易傳》등을 저술했다고 알려져 있다.
81. 《자하역전子夏易傳》9권 〈설괘전說卦傳〉에 나오는 구절로, 원문은 '제자帝者, 조화지주造化之主, 천지지종天地之宗'이다.

을 낸 것이 아니라 상제께서 창조하셨다 하느니라." 진도 능히 반대하지 못하는지라.

신천옹이 또 가로되 "하늘이 명하신 것을 이르되 성품이요, 성품을 거느리는 것을 이르되 도道라 하였으니 사람의 성품이 어떠한 것이오니까."

진도 왈 "공자 가라사대 '성품은 서로 가까우나 익히는 것이 서로 멀다' 하시고, 맹자 가라사대 '사람 성품의 선한 것이 물이 아래로 가는 것 같아서 사람은 선하지 않은 이가 없고, 물은 내려가지 않음이 없다'[82] 하셨으니 '사람의 성품이 근본 선한 것이요, 악한 일을 행하는 것은 물욕物慾(재물을 탐내는 마음)이 교폐交蔽(덮어서 섞인다는 뜻으로, 정신을 어딘가에 뺏겼음을 의미)함이라' 하노라."

신천옹이 가로되 "공자 말씀에 '성상근야性相近也나 습상원야習相遠也라'[83] 하심이 고자告子[84]의 말에 '사람의 성품이 물과 같아 동방으로 인도하면 동으로 흐르고, 서방으로 인도하면 서로 흐른다'[85] 함과 같은 말씀이라. 성품이 선악이 가르치고 익히는데 있다 하심

---

82. 《맹자孟子》〈고자상편告子上篇〉에 나오는 구절로 원문은 '인성지선야人性之善也, 유수지취하야猶水之就下也. 인무유불선人無有不善, 수무유불하水無有不下'이다.
83. 《논어》〈양화편陽貨篇〉에 나오는 구절로 '타고난 천성은 누구나 비슷하지만, 습관에 따라 서로 멀어진다'는 뜻이다.
84. 중국 전국시대 제齊나라의 사상가로 생몰연대는 알려지지 않으나 맹자孟子와 동시대 사람인 듯하다. 인성人性에 관하여 맹자와 논쟁을 벌여, '사람의 본성은 본래 선도 아니고 악도 아니며, 다만 교육하기 나름으로 그 어느 것으로도 될 수 있다'고 주장했다. 맹자와의 논의는 《맹자》〈고자상편告子上篇〉에 수록되어 있다.
85. 《맹자》〈고자상편告子上篇〉에 나오는 구절로 원문은 '고자왈告子曰, 성유단수야性猶湍水也, 결제동방칙동류決諸東方則東流, 결제서방칙서류決諸西方則西流'이다.

이니 실로 의혹疑惑(의심하여 수상히 여김)할 말씀이라. 요堯[86]의 아들 단주丹朱와 순舜[87]의 아들 상균商均이 다 불초不肖(못나고 어리석어 어버이의 덕행이나 사업을 이을 만한 능력이 없는 사람)하다 하였으니, 요순堯舜 같으신 성인으로 그 아들들을 반드시 잘 가르치셨을 터인데 어찌하여 어질지 못하였으며, 고수瞽瞍[88]같이 완악頑惡(성질이 고집스럽고 사나움)한 사람으로 그 아들을 반드시 잘 가르치지 못하였을 터인데 순임금은 어찌하여 대 성인이 되셨나이까. 이로 좇아 의론議論하건대 성품의 선악이 교습敎習(학문이나 기예 따위를 가르쳐 익히게 함)하는데 있는 것이 아니오. 또한 맹자 말씀은 '사람의 선함이 물이 아래로 가는 것 같다'고 하셨으니 더욱 의심할 말씀이라. 물의 성품은 항상 아래로 가는 고로 사람이 비록 막을지라도 그 중에 낮은 곳을 향하여 반드시 아래로 가거니와 사람의 성품은 그렇지 못하여 안으로 엄숙한 부형父兄(아버지와 형)이 계시고 밖으로 어진 스승이 있을지라도 항상 악한 길로 가는 자가 많사오니 어찌 물의 성품과 같다 하시니이까."

진도 왈 "공자 가라사대 '생이지지자生而知之者(나면서 저절로 아는 자)는 상등上等(높은 등급이나 수준) 지혜요, 학이지지자學而知之者(배워서

---

86. 중국 전설상의 성천자聖天子로, 요를 이은 순舜과 아울러 '요순의 치治'라 하여 예로부터 중국에서는 가장 이상적인 천자상天子像으로 알려졌다.
87. 고대 중국의 전설상의 제왕으로 5제 중 한 사람이다. 선양禪讓 설화의 대표적 인물이며 요堯·우禹임금과 함께 성천자聖天子로 불린다.
88. 중국 순舜임금 아버지의 별명인데, 이 이름은 어리석고 사리에 어두웠기 때문에 붙여졌다고 한다.

아는 자)는 그 버금(으뜸의 바로 아래)이 되고, 곤이득지자困而得之者(막힘이 있어 배우는 자)는 또 그 다음이 되고, 배워도 되지 못하는 자는 하우불이下愚不移(아주 어리석고 못난 사람의 버릇은 고치지 못함)라'[89] 하셨으니, 사람의 기품이 날 때부터 청탁淸濁(맑고 탁함)이 같지 못하여 청淸한 자는 성인이 되고 탁濁한 자는 하우불이下愚不移가 되나니, 주부자朱夫子 가라사대 '오직 성인은 성품대로 하시는 자라. 호호浩浩한(드넓은) 하늘이시니 터럭 끝만큼 더하지 아니하여도 일만 가지 선함이 족하다'[90] 하셨으니, 순임금 같은 이는 배우지 아니하여도 성인이 되심이요, 단주丹朱와 상균商均은 하우불이下愚不移라서 가르쳐도 되지 못한 것이요, 또한 사람을 잘 가르쳐도 악한 길로 가는 것은 물욕교폐物慾交蔽(재물을 탐내는 마음에 마음을 뺏김)함이라. 사람의 천성이 어찌 악하다 하리요. 정명도程明道 가라사대 '성품은 곧 기운이요, 기운은 곧 성품이니, 사람이 날 때부터 함께 품부稟賦(선천적으로 타고남)한 것이라. 성품의 희노애락喜怒哀樂이 물의 파도와 같으니 담연湛然(깊고 맑음)한 물이 고요하여 거울 같은 것은 물의 성품이요, 바람과 사석沙石(모래와 돌)을 만나 파도가 흉용洶湧 함은 물결의 격동

---

[89] 《논어》〈계씨편季氏篇〉에 나오는 구절로, 원문은 '생이지지자生而知之者, 상야上也; 학이지지자學而知之者, 차야次也; 곤이학지困而學之 우기차야又其次也, 곤이불학困而不學, 민사위하의民斯爲下矣'이다. 이는 '나면서 저절로 아는 사람은 최상이요, 배워서 아는 사람은 그 다음이며, 막힘이 있어 배우는 자는 또 그 다음이며, 막힘이 있으면서도 배우지 않는 사람은 하등이다'라는 뜻이다.

[90] 인용된 원문은 주희의 말로서, 《주자대전朱子大全》〈소학제사小學題辭〉, '유성성자惟聖性者, 호호기천浩浩其天, 불가호말不加毫末, 만선족언萬善足焉'이다.

함이니 곧 정욕情慾의 부림(행동이나 성질 따위를 드러내 보임)이라'[91] 하셨으니 사람의 성품이 어찌 물과 같지 않다 하리오."

신천옹이 대왈 "선생의 말씀과 같을진대 성인은 배우지 아니하여도 생이지지生而知之(나면서 저절로 앎) 함으로 고왕금래古往今來(예전과 지금)에 만사萬事를 통달할 것이요, 우준愚蠢(어리석고 민첩하지 못함)한 자는 주야晝夜로 공부하고 도덕을 힘쓸지라도 하우불이下愚不移가 될지니, 사람이 세상에 나매 학문을 공부할 것도 없고 스승이 가르칠 것도 없을지라. 어찌 민생民生(백성)으로 하여금 문명에 진보하게 하리요. 안자顏子[92] 가라사대 '순舜은 어떠한 사람이며 나는 어떠한 사람이뇨' 하시고, 또 맹자 가라사대 '저도 장부요, 나도 장부라' 하셨으니,[93] 사람마다 힘써 행하고 아니 행함에 있는 것이라. 하

---

91. 해당 부분은 다음 두 구절을 합치고 변용하여 인용한 것이다. 《이정유서二程遺書》〈단백전사설端伯傳師說〉, "생지위성生之謂性, 성즉기性即氣, 기즉성氣即性, 생지위야生之謂也. 인생기품人生氣稟, 이유선악리有善惡." 《이정유서二程遺書》〈유원승수편劉元承手編〉, 문문, "성지유희노性之有喜怒, 유수지유파수猶水之有波否" 왈曰, "연연然, 담연평정어경자湛然平靜如鏡者, 수지성야水之性也. 급우사석혹지세부평급우외석或地勢不平, 편유단격편유단激便有湍激. 혹풍행기상或風行其上, 편위파도흉용便為波濤洶湧. 차기수지성야此豈水之性也哉. 인성중지유사단人性中只有四端, 우기유허다불선저사사又豈有許多不善底事. 연무수안득파랑연無水安得波浪, 무성안득정야無性安得情也."

92. 중국 춘추시대 노魯나라의 현인 안회顏回(BC 521 - BC 490)를 높여 이르는 말이다. 안회는 공자가 가장 신임하였던 제자로 학덕이 뛰어났으며 공자보다 30세나 나이가 어렸지만 공자보다 먼저 죽었다. 저술로는 《논어》〈안연편顏淵篇〉이 남아 있다.

93. 해당 구절은 《맹자》에서 인용한 것인데, '안연 가라사대'는 안연의 말은 맞지만, '맹자 가라사대'는 성간이 제나라 경공에게 한 말이다. 《맹자》〈등문공상滕文公上〉, "성간위제경공왈成覸謂齊景公曰, '피장부야피丈夫也, 아장부야我丈夫也. 오하외피재吾何畏彼哉' 안연왈顏淵曰, '순하인야舜何人也. 여하인야予何人也. 유위자역약시유위자역약시有爲者亦若是.'"

나님께서 어찌 편벽偏僻(마음이 한쪽으로 치우침)되이 사람의 현불초賢不肖(어짊과 못남)를 분별하여 내시리요. 또한 물욕物慾이 성정性情(사람의 타고난 본성)을 요동撓動(어지럽게 흔들리어 움직임)하게 함은 물결이 사석沙石을 만남 같다 하시니, 성현의 마음은 물욕에 침노侵擄(사로잡힘)함을 이기고 요동치 아니할지라. 바람과 사석을 만날 때에 능히 요동치 아니하는 물결도 있나이까? 어리석은 자의 성품은 물욕이 침노하고 성인의 성품은 물욕이 침노치 아니하나이까? 어떤 물에는 바람이 불고 어떤 물에는 바람이 오지 아니하나이까? 성인의 성품과 악인의 품성이 같지 아니하여 그러하나이까?"

진도 능히 대답하지 못하여 가로되 "그러면 그대는 사람의 성품이 어떻다고 하느뇨? 군자와 소인의 성품의 같으며 하우불이下愚不移도 능히 성인이 될 수 있다 하느뇨?"

신천옹이 답왈 "사람의 천성은 근본 하나님께 받은 것이라. 지우현불초智愚賢不肖(슬기로움과 어리석음과 어짊과 못남)를 물론하고 다 같은 것인즉 일호一毫(한 가닥의 털이란 뜻으로, 아주 작은 정도를 비유함)도 등분等分(등급의 구분)의 우열이 없는 것이요, 그 사람의 지혜와 어리석은 것은 기질청탁氣質淸濁(기질의 맑고 탁함)과 심재유무心才有無(마음과 재능의 있고 없음)에 달린 것이라. 어찌 그 성품에 있다 하리요. 그런즉 사람이 세상에 날 때에 성현과 완악한 자를 하나님이 작정하여 주신 것이 아니라 오직 그 사람이 천명天命(하늘의 명령)을 좇아 가는데 있는 것이요, 또한 생이지지生而知之(나면서 저절로 앎)라 함은 더욱 어리석은 말씀이라. 세상에 어찌 배우지 아니하고 아는 자가 있으리요.

자고自古로(예로부터) 성현군자가 다 공부함으로 되나니 공부자孔夫子도 배우기를 싫어하지 않으시며 가르치기를 게을리 아니하사《주역周易》을 보실 때에 위편韋編(책을 꿰어 매는 가죽 끈)을 삼절三絶(세 번 끊어짐)[94] 하셨으며, 맹자의 모친은 아들을 가르칠 때에 세 번을 이사하였으니,[95] 생이지지자生而知之者(나면서 저절로 아는 자)는 근본 없는 것이라. 도학을 공부할 때에 천명을 좇아 양심으로 행하는 자는 성현이 될 것이요, 공부할 때에 천성을 버리고 정욕을 좇는 자는 완악한 소인이 되나니, 사람마다 자유 하는 권權(자유의지)이 있어 청불청聽不聽(듣거나 듣지 않음)과 행불행行不行(행하거나 행하지 않음)에 있는지라. 작지불이作之不已(끊임없이 힘써 함)면 내성군자乃成君子(군자가 됨)라 하였으니 지금 우리라도 천명을 순수順受(순순히 받음)하여 도학을 힘쓸진대 군자가 되리라 하나이다."

진도 청파聽罷(듣기를 마침)에 가로되 "그대의 말씀이 근리近理(이치에 가까움)하거니와 사람마다 성인이 된다 함은 기필期必(꼭 이루어지기를 기약함)할 수 없는지라. 우리가 암만(아무리) 공부하고 천량지심天良之心(타고난 착한 마음)을 좇은들 어찌 공부자孔夫子와 같은 성인이 된다 하리요."

---

94. 위편삼절韋編三絶이란《사기史記》〈공자세가孔子世家〉에 나오는 고사성어로, 종이가 없던 옛날에는 대나무에 글자를 써서 책으로 만들어 사용했었는데, 공자가 주역을 많이 읽어서 그것을 엮어 놓은 가죽끈이 세 번이나 끊어졌다는 데에서 비롯되었는데 책을 열심히 읽는다는 말이다.
95. 맹모삼천지교孟母三遷之敎는 전한前漢 말 학자 유향劉向이 지은《열녀전烈女傳》에서 비롯되었다.

신천옹이 대왈 "성인이라 함은 거룩한 사람이라 함이니 우리가 상제께서 품부稟賦하신 성정性情(성질과 심정)을 거느려 상제의 계명을 지키며, 순전純全한 양심이 거룩하고 청결하면 화평하고 온유하여 상제의 자녀가 될지라. 거룩한 심덕心德이 공부자孔夫子만 못할 것이 없고, 총명과 지혜는 그 사람의 기질을 따라 우열優劣(우수함과 열등함)과 현우賢愚(어짊과 어리석음)가 있나니 우리도 공자와 같은 기질이 있을진대 또한 공자의 사업을 못할 것이 없다 하나이다."

진도 불열不悅(기쁘지 않음)하여 답하지 아니하거늘, 신천옹이 또 가로되 "공부자孔夫子는 온량溫良(성품이 온화하고 순량함)하시며 공검恭儉(공손하고 검소함)하시고 겸양謙讓(겸손한 태도로 사양함)함으로 얻으신 것이라.[96] 요순堯舜(요임금과 순임금)을 조술祖述(선인先人이 말한 바를 근본으로 하여 서술하고 밝힘)하시며, 문무文武(문왕과 무왕)를 법하사(본받으사) 이왕已往(이전) 성현을 이으시고, 오는 학문을 여시어 요순보다 더 어질다[97] 하였사오니 과연 일호一毫도 그릇함이 없으리까?"

진도 왈 "성인의 덕행이 능히 하늘과 짝하거늘 어찌 잘못함이 있으리요." 신천옹이 공경恭敬(공손히 받들어 모심) 대왈 "《논어》에 가로되 '유비柳比[98]라 하는 제자가 공자를 보고자 하거늘 공자가 병들었

---

96. 《논어》〈학이편學而篇〉에 나오는 구절로, 원문은 "부자온량공검양이득지夫子溫良恭儉讓以得之"이다. 이것은 제자 자공이 스승 공자에 대해 평한 것이다.
97. 다음의 두 인용문을 합친 것이다. 《중용장구中庸章句》 30장. "중니조술요순仲尼祖述堯舜, 헌장문무憲章文武"《중용中庸》〈서序〉장. "계왕성개래학繼往聖開來學, 기공반유현어요순자其功反有賢於堯舜者"
98. 본문에 나오는 '유비柳比'는 '유비孺悲'를 잘못 표기 한 것이다.

다고 하사 보시지 아니하고, 장명자將命者(말을 전달한 자)가 문에 나아가거늘 공자 비파를 타시며 노래하사 하여금 병들지 않으심을 보이셨다'[99] 하였으니 성인의 도리가 어찌 그러하시뇨. 설사 유비로 하여금 죄가 있을진대 죄인을 보시고 면책面責(바로 그 사람 앞에서 잘못을 책망함)하사 깨닫게 하는 것이 옳거늘 그리도 않으시고, 마음에 그 사람이 보기 싫을진대 보기 싫다 하사 바로 말씀하는 것이 옳거늘 거짓 말씀으로 병들었다 하시고, 또한 비파를 타서 병들지 않았음을 보이셨으니 그 일이 옳다 하리이까?"

진도 왈 "성인이 그 사람의 죄를 박절迫切(인정이 없고 쌀쌀함)히 책망하기 어려운 고로 권도權道(목적 달성을 위하여 그때그때의 형편에 따라 일을 처리하는 방도)를 써서 가르치심인가 하노라."

신천옹이 가로되 "성인은 거짓 말씀을 하여도 관계치 않을진대 성인의 제자도 거짓말을 함이 무방할지라. 후세 사람들이 공자를 존숭尊崇(존경하고 숭배함)하는 자라고 하면서 나라에 벼슬하다가 조금 어려운 일이 있으면 무병無病(병이 없음)한 신하가 공연히 병들었다 칭탁稱託(사정이 어떠하다고 핑계를 댐)하고 상소하나니 실로 임금을 속임이라. 권도로 거짓 일을 행하는 것이 어찌 옳다 하리이까."

진도가 능히 대답하지 못하거늘, 신천옹이 또 문왈 "공자 가라사대 '부모가 계실 때에 그 뜻을 보고, 부모가 죽은 후에 그 행실을 보

---

99. 《논어》 〈양화편陽貨篇〉에 나오는 구절. 원문은 '유비욕견공자孺悲欲見孔子, 공자사이질 孔子辭以疾, 장명자출호將命者出戶, 취슬이가取瑟而歌, 사지문지使之聞之'이다. 해석하면 '유비가 공자를 뵙고자 하니 공자께서 몸이 아프다는 이유로 거절하시고 말 전달하는 자가 문을 나가니 비파를 취하여 노래를 불러 그로 하여금 듣게 하셨다'는 뜻이다.

나니, 3년을 아비의 도를 고치지 아니하여야 이르되 효자라'[100] 하셨으니 이 말씀이 무슨 뜻이니이까? 설사 자기의 부모가 도적질을 한다든지 음란을 행할진대 3년은 고사하고 부모가 살았을 때라도 그 행실을 본받지 아니함이 옳고, 그 부모가 착한 덕행이 있을진대 3년은 고사하고 자기 몸이 죽을 때까지 아비의 도를 지키는 것이 옳거늘 어찌 반드시 3년이라 하셨으며 부모의 도가 그를지라도 3년은 고치지 못하리이까?"

진도 가로되 "세상에 어찌 그른 도가 있으리오. 아비의 도라 하심은 반드시 덕행德行(어질고 너그러운 행실)을 가리켜 말씀하심이요, 3년을 고치지 않음이 효라 하심은 나 역시 의심하거니와 인생이 3년 후에야 능히 그 부모의 품을 떠나나니 효자의 마음이 그 도중 고칠 것이 있을지라도 참아 3년 전에는 고치지 못하고 만일 고칠 곳이 없으면 종신토록 행하는 것이 옳은 줄 아노라."

신천옹이 또 묻되 "양화陽貨[101]라 하는 사람이 공자가 집에 없을 때를 엿보다 돈豚(돼지)의 고기를 보내었거늘 공자께서도 양화가 집

---

100. 《논어》〈학이편學而篇〉에 나오는 구절로 원문은 '부재관기지父在觀其志, 부몰관기행父沒觀其行, 삼년무개어부지도三年無改於父之道, 가위효의可謂孝矣'이다. 해석하면 '어버이(父)가 살아 계실 때는 그 뜻을 보고, 어버이(父)가 돌아가신 뒤로는 그 행위를 본다. 돌아가시고 3년 동안은 어버이의 길(道)을 변경하지 않는다면 효행이라고 할 수 있다'는 뜻이다.

101. 공자와 같은 시대 사람으로 노魯나라 세도가 계손씨叔孫氏의 가신家臣으로 발탁되어 세력을 잡은 후 상당한 부를 축적했으며 악행을 일삼았다고 한다. 후에 난을 일으키다 실각하여 제 나라로 도주했다고 전해진다.

에 없을 때를 엿보아 양화의 집에 가서 사례하셨다 하니,[102] 소제는 실로 의혹하는 일이라. 설사 양화를 소인이라 할진대 선물한 고기는 곧 얼얼지육鴯鴯之肉(거위 고기라는 뜻으로, 마음에 꺼림칙한 선물을 이르는 말)이므로 공자가 집에 돌아와 그 선물한 것을 도로 보내는 것이 옳거늘 받아 먹으시고 그 사람을 보기는 싫은 고로 집에 없을 때를 엿보아 회사回謝(사례하는 뜻을 표함)하셨으니 이것은 똑같이 간사한 사람의 일이라. 돌로 치는 자에게 돌로 갚음이요, 간계를 쓰는 자에게 또한 간계를 행함이니 덕으로써 악을 갚는 일이 아니라. 대성인의 도리가 어찌 그러하시니이까?"

진도 대답할 말이 없어 공연히 대노大怒(크게 성냄) 왈 "요마么麼(변변하지 못한 사람)한 소년이 옛적 성인을 논란論難(어떤 문제에 대해서 시비를 따져 논하는 것)하니 분명한 사문난적斯文亂賊(유교를 어지럽히는 도적이라는 뜻으로 교리를 어지럽히고 사상에 어긋나는 언동을 하는 사람을 말함)이로다."

신천옹이 흔연欣然(기쁘거나 반가워 기분이 좋은 모양)히 웃어 왈 "천하는 한 집과 같고 사해 사람은 다 형제라, 형장兄丈(벗을 높여서 이르는 말)은 공연히 노할 것이 아니라 소제의 말씀을 들으소서. 사람이 세상에 나매 만물보다 가장 귀한 것은 하나님께서 영혼을 주심이라. 그런고로 능히 선악善惡과 진가眞假(참과 거짓)를 분별하며 삼강오상

---

102. 《논어》 〈양화편陽貨篇〉에 나오는 일화로 원문은 다음과 같다. '양화욕견공자陽貨欲見孔子, 공자부견孔子不見, 귀공자돈貴孔子豚, 공자시기망야이왕배지孔子時其亡也而往拜之, 우제도遇諸塗'이며, 해석하면 '양화가 공자를 뵈옵고자 하되 공자가 만나주지 아니하니 공자에게 돼지를 선물로 보내니 공자가 양화가 없을 때를 기다려 사례를 하러 갔다가 돌아오는 길에 그를 길에서 만났다'는 뜻이다.

三綱五常[103]의 이치와 삼교구류三教九流[104]의 문호와 인의예지仁義禮智[105]의 윤리와 종교도리의 체용體用(사물의 본체와 그 작용, 또는 원리와 그 응용을 통틀어 이르는 말)이 어떠함과 심리철학의 주·객관이 되는 것과 천지만물의 내력來歷(일정한 과정을 거치면서 이루어진 까닭)과 생전에 당연히 할 본분이 무엇이며 사후에 영혼이 어떻게 되는 것을 아나니, 하나님의 진리를 알지 못하고 다만 세상 일만 짐작 하는 자는 문견聞見(듣고 보는 것으로 깨달아 얻은 지식)에 고루함을 면치 못하나이다."

진도 청파聽罷에 얼굴 빛을 변하여 가로되 "그대의 말을 들은즉 불문가지不問可知(묻지 아니하여도 알 수 있음) 서국교西國教(서양의 종교, 여기서는 그리스도교를 의미함)를 존숭尊崇하는 사람이로다. 나도 서국 예수교의 말을 들었거니와 허탄虛誕하고 맹랑한 이치 밖의 말이 많은지라. 자공子貢[106]이 가로되 '공자께서 성품性品(사람의 성질이나 됨됨이)

---

103. 삼강三綱과 오상五常으로서 사람이 항상 지켜야 할 큰 도리. 삼강三綱은 유교의 도덕에 있어서 근본이 되는 세 가지 강목綱目으로 '군위신강君爲臣綱, 부위자강父爲子綱, 부위부강夫爲婦綱'을 말하며, 오상五常은 사람이 지켜야 할 다섯 가지의 떳떳한 도리란 뜻으로 '인仁, 의義, 예禮, 지智, 신信' 또는 오륜五倫 즉 '부자유친父子有親, 군신유의君臣有義, 부부유별夫婦有別, 장유유서長幼有序, 붕우유신朋友有信'을 말한다.
104. 삼교三教는 유儒, 불佛, 선禪을 말하며, 구류九流는 유가儒家, 도가道家, 법가法家, 명가名家, 묵가墨家, 음양가陰陽家, 종횡가縱橫家, 잡가雜家, 농가農家를 뜻한다.
105. 사람으로서 마땅히 갖추어야 할 네 가지 성품으로, 어짊과 의로움과 예의와 지혜를 일컫는다.
106. 중국 춘추시대 위衛나라의 유학자(?BC 520 - ?BC 456)로 성은 단목端木, 이름은 사賜이다. 공문십철孔門十哲의 한 사람으로 재아宰我와 더불어 언어에 뛰어났다. 노魯나라와 위나라의 재상宰相을 지냈다.

과 천도天道(하늘이 낸 도리)를 의론議論하심은 듣지 못하였다'[107] 하고, 자로子路[108]가 죽는 것을 묻되 공자 가라사대 '네가 사는 이치도 모르거든 어찌 죽는 것을 알리오'[109] 하셨으니, 하늘 도道와 죽는 것은 공자도 말씀하신 곳이 없거늘 누가 능히 하늘 도를 알며 천당과 지옥은 누가 보았느뇨. 예수가 하나님의 아들이란 말부터 허황한 말이라. 하나님이 사람이 아니거늘 어찌 아들이 있으며, 예수를 믿는 자의 아버지도 하나님 아버지라 하고 아들도 아버지라 하고 손자도 아버지라 하니 그의 촌수를 누가 알며 예수가 유태국에 나신 것은 누가 적실的實(틀림없이 확실함)히 아느뇨. 그대 같은 소년은 침혹沈惑(무엇을 몹시 좋아하여 정신을 잃고 거기에 빠짐)하기 쉽거니와 지각 있는 사람과 글을 읽은 선비들이야 누가 그까짓 허탄한 일과 이치 밖의 말을 믿으리오?"

신천옹이 공경 대왈 "선생이 이치 밖이라 말씀하시니 물고기와 날짐승의 새끼 치는 이치를 아시나이까?"

진도 왈 "비조飛鳥(날아다니는 새)와 수족水族(물에 사는 생물의 족속)이 다 난육卵育(어미 닭이 알을 품듯 품에 안아서 기름을 이르는 말)하는 것이라 하노라."

---

107. 《논어》〈공야장편公冶長篇〉에 나오는 구절로 '부자지언성여천도夫子之言性與天道, 불가득이문야不可得而聞也'의 부분을 언급한 것이다. 이를 해석하면 '공자의 말씀 중에 성과 천도에 대한 말씀은 얻어 들을 수가 없었다'이다.
108. 중국 춘추 시대 노魯나라의 유학자(BC 543 – BC 480)로 성은 중仲, 이름은 유由이다. 공문십철孔門十哲의 한 사람으로 정사政事에 뛰어났으며 공자를 제일 잘 섬겼다고 한다.
109. 《논어》〈선진편先進篇〉에 나오는 구절로 '미지생未知生, 언지사焉知死'의 부분을 가리킨다.

신천옹이 답왈 "각색各色(각종) 비조들이 다 알로 새끼를 치되, 학鶴이란 새는 태胎로 자식을 낳고, 물고기가 다 알을 수초水草(물속이나 물가에 자라는 풀)에 쓸어 작은 고기들이 알 속에서 나아올 때에 어미 된 고기가 그 자식과 상관이 없거늘 그중에 고래라 하는 고기는 그 자식을 태로 낳고 또한 자식을 대단히 고호顧護(마음을 써서 돌보아 줌)하여 사람이 만일 그 자식을 잡고자 하면 제 몸이 죽어도 기어이(기어코) 그 자식을 해치 못하게 하나니 선생은 다만 한 가지만 아는 고로 학과 고래의 자식 낳음은 반드시 이치 밖이라 하리로다."

진도 왈 "학을 태금胎禽이라 함은 들었거니와 고래가 자식을 태생胎生함은 처음 듣는 말이라. 참 그러한 이치가 있느뇨?"

신천옹이 또 가로되 "옛적에 라위국那威國('노르웨이'의 음역어) 사람이 섬라국暹羅國(태국의 예전 이름인 시암Siam의 한자음 표기)에 가 유람할 때, 섬라왕을 보고 말씀하기를 '우리나라는 9-10월을 당하면 강물이 유리 같이 되고 단단하여 그 위로 사람과 거마車馬(수레와 말)가 육지 같이 다닌다' 하니, 섬라왕이 믿지 아니하여 가로되 '물의 성품은 근본 유하여 사람이 빠지거늘 어찌 육지 같이 단단한 이치가 있으며 인마人馬(사람과 말)가 다니리요. 보지도 못한 일이요, 듣지도 못한 말이라' 하였으니, 이것은 열대熱帶근처에 생장生長한 사람이 다만 일기日氣(날씨)의 더운 것만 보고 냉대冷帶 근지近地(가까운 곳에 있는 땅)에 추운 일기를 알지 못함이라. 그런고로 여름의 버러지(벌레)는 얼음을 말할 수 없고, 우물 밑에 개구리는 하늘이 작다 하나니 정히(진정으로) 선생을 가리켜 말씀함이로다. 몇 십년 전에 선생이 만일 서양 제국에 들어가 전보학電報學을 졸업하고 돌아와 우리에게 말씀하기를 '철사 하나만 공중에 매고 보면 만리 밖의 소식을 삽시간에 통할 것이요. 몇 천리 밖에서 서로 말씀을 듣고 수작하며 철사가 없이도 소식을 통하는 법이 있다' 하면 우리가 선생의 말씀을 믿으리까. 반드시 반대하되 '천리마가 있더라도 천 리 밖의 일은 하루 만에 통할 것이요, 사람이 백 보 밖에서도 말을 서로 듣기 어렵거든 어찌 만 리의 소식을 삽시간에 알며 천 리 밖의 말씀을 서로 들으리요' 하여 믿지 않을지니 그 이치가 있다 함은 전보학 공부를 졸업함이요, 그 이치가 없다 함은 전보선電報線과 전화기를 보지 못한 연고라. 오늘날 선생이 천당, 지옥이 없다 하며 독생 성자 예수 그리스도가 없다 함이 어찌 전보학을 모르고 영통靈通(신령스럽게 서로 잘 통함)함이 이치 밖이라 함과 무엇이 다르리요. 성경에 가라사대 '세상 사람의 지혜로 능히 하나님의 오묘한 이치를 알지 못한다' 하셨으니, 미묘한 지경은 성인도 오히려 알지 못할지라. 공자가 비록 하나님께서 내신 성인이나, 하늘 도道와 죽는 것을 알지 못하심이 변고辨告(사리를 밝혀 알림)가 아니거늘 공자가 가르치신 곳이 없다 하여 서국교의 천당-지옥설이 도무지 허황하다 함은 참 어리석은 필부匹夫(한 사람의 남자)의 어두운 수작이라. 유태국 선지자와 희리니希利尼(그리스) 성현들은 몇 백년 후세사를 본 것 같이 말씀하며 하나님의 부르사 친히 계명을 주신 자도 있거늘, 편벽偏僻(마음이 한쪽으로 치우쳐 공평하지 못함)되고 고루한 문견聞見으로 허탄한 말씀이라 할 것이 아니요, 천당, 지옥을 누가 보았느냐 하심은 더욱 어리석은 말씀이라. 우리 성경에 분명히 말씀한 것은 고사하고 유서儒書(유학의 서적)로 말씀할지라도 '삼후재천三后在天(세 분의 왕의 혼령이 하늘에 계심)'[110]이라 하고 '문왕척강文王陟降이 재제좌우在帝左右라'[111] 하였으니 문왕의 덕행이 높으사 그 영혼의 척강陟降(오르내림)하심이 상제 좌우에 계시다 함이라. 상제 계신 곳이 어찌 천당이 아니오며 걸주桀紂[112] 같은 임금의 영혼이 상제 좌우에 척강陟降한다 함은 없사오니 악한 자가 천당에 가지 못함은 가히 알 것이요. 또한 천당이 있는 줄 믿으면 지옥이 있는 것은 자연히 알 것이라. 매사를 눈으로 본 후에 믿을진대 자기 조상도 없다 함이 옳고, 후세에 유교를 존숭하는 자가 공맹자孔孟子(공자와 맹자)를 없다 하며, 불교를 믿는 자가 석가여래釋迦如來(석가모니여래)가 없다 하며, 선술仙術(신선이 행하는 술법)을 배우는 자가 황제黃帝[113]와 노자老子를 없다 함이 옳을지라. 후세 사람들이 다만 옛적 성현의 글과 행적을 보고 그 성현이 세상에 있던 줄을 믿는 것은 동서양 사람이 일반이라. 어찌 눈으로 그 성인의 얼굴을 뵌 후에 믿으리오. 사람의 영혼이 육신에 있을 때에 살

---

110. 출전은 《시경》〈대아편大雅篇-문왕지십文王之什-하무下武〉이며, 세 명의 왕은 태왕太王, 왕계王季, 문왕文王을 말한다.
111. 《시경》〈대아편大雅篇-문왕지십文王之什-문왕文王〉에 나오는 구절로, '문왕이 하늘과 땅을 오르내리시며 상제 좌우에 있으시다'라는 뜻이다.
112. 중국 하夏나라의 걸왕桀王과 은殷나라의 주왕紂王을 아울러 이르는 말로 천하의 폭군을 비유적으로 이르는 말이다.
113. 중국 고대의 전설적 제왕. 전국시대 말기의 각종 신화와 전설을 통하여 구성된 가상의 인물로 오제五帝의 한 사람이다. 중국을 처음으로 통일한 군주이자 문명의 창시자로 숭배되고 있다. 도가道家의 황로학파黃老學派에서는 황제를 노자老子에 앞선 학파의 개조로 숭상한다.

아 다니며 말씀도 하고 일을 경영하나니 영혼의 형체를 볼 수 없으나 분명히 아는 것은 보지 못하는 중에 있음이라. 우리 성경에 가라사대 '하나님이 세상을 사랑하사 독생자를 주셨으니 누구든지 저를 믿으면 멸망치 아니하고 영생을 얻으리라' 하셨으니 예수께서는 하나님의 독생 성자로 만민의 죄를 대속하신지라. 구세주 가라사대 '나를 보지 아니하고 믿는 자는 복을 더 받으리라' 하셨으니, 이제 선생도 보지 못하는 중에 하나님이 계시고 천당 영복과 지옥 고초도 보지 못하는 중에 있는 줄 믿으시면 복을 많이 받으실까 하나이다."

진도 청파廳罷에 묵묵히 대답하지 않거늘, 백운과 원각이 곁에 있어 전후前後 수작酬酌(서로 말을 주고받음)하는 말씀을 다 들은지라. 진도의 대답하지 아니함을 보고 가로되 "신천옹의 말씀이 절당切當(사리에 꼭 들어맞음)하시도다. 사람의 지혜라 하는 것이 이미 보는 이치를 미루어 보지 못하는 이치까지 아는 것이 만물 중에 귀한 줄로 믿나이다."

신천옹이 또 가로되 "진 선생은 종시終是(끝내) 깨닫지 못하나이까? 사마군실司馬君實[114]의 말에 가로되 '천당은 착한 사람을 위하여 설시設施(베풀어 만듦)한 것이요, 지옥은 악한 사람을 인하여 설립한 곳

---

114. 중국 북송의 역사가 사마광司馬光(1019 – 1086)을 일컫는다. 호는 우부迂夫·우수迂叟, 군실君實은 그의 자이다. 사마온공司馬溫公 혹은 속수선생涑水先生이라고도 부른다. 신종 초에 왕안석王安石의 신법新法에 반대하여 은퇴하고 철종 때에 재상이 되자, 신법을 폐하고 구법舊法으로 통치하였다. 저서에 《자치통감資治通鑑》, 《사마문정공집司馬文正公集》이 있다.

이라'115 하였으니, 사마온공司馬溫公(사마광)은 유도儒道를 행하는 선비로되 당옥堂獄(천당과 지옥)이 있는 것을 짐작 하였거늘 진 선생의 고명高名(높이 알려진 이름이나 명예) 하심으로 어찌 의심하시나이까?"

진도 왈 "만일 천당이 정령 무의無疑(의심할 것이 없음)하게 있을진대 누가 그 곳에 가기를 원치 않으리오. 먼저 그대에게 있는 성경을 보기 원하노라."

원각이 가로되 "천당과 지옥은 분명이 있는 것이라. 소승은 아는 것이 없거니와 부처님의 말씀과 불경의 이치를 볼진대 어찌 당옥堂獄이 없다 하리요."

신천옹이 가로되 "대사는 이왕에 불교를 숭상하기로, 천당 지옥이 있음을 믿거니와 능히 불교의 허무함을 버리고, 예수교의 진실함을 좇으리까? 소사채죽蔬食菜粥(채소 반찬뿐인 밥과 야채 죽, 즉 변변하지 못한 음식을 의미함)과 고량옥식膏粱玉食(살찐 고기와 양식, 즉 맛있고 좋은 음식)이 다같이 음식이로되 귀천貴賤(귀하고 천함)과 미악美惡(아름다움과 추함)이 있나니 옥식玉食을 만나지 못하여서는 초식草食을 먹으려니와 옥식을 보고도 의심하여 먹지 아니하면 실로 어리석은 사람의 지혜 없는 일이라. 대사의 뜻이 어떠하뇨?"

---

115. 다음의 구절을 변형하여 인용한 것으로 추정된다. 《자치통감資治通鑑》 191권 〈당기唐紀〉, "지옥지설정위시인地獄之設正為是人. (석씨지설위釋氏之説謂, '위선자즉승천당為善者則升天堂, 위악자타지옥為惡者墮地獄.')" ( )안은 원문에 대한 주석이다.

원각이 답왈 "부처님은 도솔천궁兜率天宮[116] 회명보살誨明菩薩[117]이라. 세상에 내려오사 인도人道로 환생하시니 처음 나실 때에 사대천왕四大天王[118]이 와서 조회하고 구룡九龍(아홉 마리의 용)이 물을 토하였으며 부처님이 나실 때에 한 손으로 하늘을 가리키며 한 손으로 땅을 가리켜 가로되 '천상천하天上天下에 오직 내가 홀로 높다' 하셨으니 세상에 어찌 불교보다 더 큰 도道가 있으리오. 소승은 불교가 음식 중에 옥식으로 아나이다."

신천옹이 가로되 "자성제인子誠齊人(견문이 좁고 고루한 사람을 이르는 말)[119]이로다. 한갓 불교의 광대廣大(넓고 큼) 허무虛無함을 믿고 진실하고 거룩하신 하나님의 도는 알지 못함이로다. 태초에 이 세계가 없었거늘 하나님께서 천지만물을 5일 동안에 전능하신 말씀으로 만드시고, 제6일에 사람을 만드사 만물을 어거馭車(거느리어 바른 길로 나가게 함)하게 하시며 그 중에서 의복음식을 자뢰資賴(밑천으로 삼음)하게 하셨으니 이 세상은 당초부터 하나님이 조성하신 것이요, 부처님도

---

116. 도솔천兜率天에 있는 궁전. 도솔천은 불교에서 말하는 욕계欲界의 여섯 하늘 가운데 넷째 하늘을 의미한다. 이 곳에는 내외內外의 두 원院이 있는데, 내원은 장차 부처가 될 보살이 사는 곳이며 석가도 현세에 태어나기 이전에 여기에 머물며 수행했다고 한다. 현재는 미륵보살彌勒菩薩이 여기에서 설법하며 성불할 시기를 기다리고 있다고 하여 미륵보살의 정토淨土(번뇌의 굴레를 벗어난 아주 깨끗한 세상)로 불린다.
117. 높은 깨달음의 경지에 이르러 가르침에 밝은 자.
118. 사왕천四王天(육욕의 첫째 하늘)의 주신主神으로 사방을 진호鎭護하며 국가를 수호하는 네 신神. 동쪽의 지국천왕持國天王, 남쪽의 증장천왕增長天王, 서쪽의 광목천왕廣目天王, 북쪽의 다문천왕多聞天王을 말한다.
119. 중국 제齊나라의 공손추公孫丑가 관중管仲, 안자晏子만을 강하다고 알고 있으므로, 맹자가 그에게 '자네는 참으로 제나라 사람이로다'라고 하였다는 데서 유래한다.

이 세상이 생긴 후에 세상에 나신 성인이라. 하나님께서 영혼육신과 총명지혜를 주사 불도를 설시設施(베풀어 만듦)하게 하신지라. 어찌 천상천하에 자기만 높다 하여 하나님께 죄를 범하였느뇨. 또한 날 때에 이상한 징조가 있다 함은 족히 자랑할 것이 없나니, 초楚나라 고현苦縣(지금의 하남성河南省 녹읍현鹿邑縣)사람 노백양老伯陽(노자老子를 가리킴)씨도 날 때에 좌우로 칠보七步(일곱 걸음)를 행하였으며, 한 손으로 하늘을 가리키고 한 손으로 땅을 가리켜 말하되 '천상천하에 오직 도가 높다' 하고, 관령關令(관문을 지키는 책임자) 윤희尹喜[120]도 날 때에 그 집 육지에 연꽃이 피어 빛이 선명하였으니, 비록 성인이라도 처음 날 때에는 말 못하는 아이거늘 어찌 이러한 일이 있으리오. 다 허탄虛誕한 야설野說(민간에서 사사로이 떠도는 주장)이라. 우리 주 예수께서는 근본 하나님의 삼위일체三位一體되신 성자로 세상에 강생降生(신이 인간으로 태어남)하실 때에, 석가여래釋迦如來같이 남녀가 교정交情(사귀는 정)함으로 잉태한 것이 아니라 성신께서 동정녀 마리아 몸에 감동하사 스스로 잉태 하셨으며 탄생하시던 날 밤에 무수한 천사 천군이 하늘로서 내려와서 하나님의 영광을 찬송하였으며 동방의 박사들은 밝은 별을 보고 찾아와 절하며 보합寶盒(보배롭고 귀한 합)을 여러 황금黃金과 유향乳香과 몰약沒藥을 예물로 받쳤으니 어찌 석가여래에 비교하리오."

---

120. 중국 전국시대 진나라 사람. 자는 공도公度. 윤희가 함곡관函谷關 관령關令으로 있을 때, 노자老子를 통해 도덕경삼천언道德經三千言을 전수받았다. 저서에 《관윤자關尹子》가 있다.

원각이 청파聽罷에 공경 대왈 "불경[121]에 가로되 이 세상은 지수화풍地水火風 네 가지로 된 것이라. 당초에 보광마니향수해寶光摩尼香水海(수미산須彌山을 둘러싸고 있다는 향수로 된 바다)[122]에 '종종광명예향당種種光明蘂香幢'이라 하는 꽃이 있으니 그 꽃 속에 무수한 세계가 생겼는데, 항하사恒河沙(항하恒河[123]의 모래라는 뜻으로, 셀 수 없이 많음을 의미하는 불교용어) 모래보다 더 많은지라. 그 중에 사바娑婆세계(불교에서 우리가 살고 있는 괴로움이 많은 세계를 일컫는 말)라 하는 세상은 곧 우리가 사는 세계요, 이 세계 중에 사대부주四大部洲[124]가 있으니 동성신주東聖神洲[125]와 서우화주西牛賀洲[126]와 남섬부주南瞻部洲[127]와 북구로

---

121. 본문에서 말하는 불경은 화엄종華嚴宗의 근본경전인 《화엄경華嚴經》을 가리키는 것으로, 이 가운데 '화장세계품華藏世界品' 장을 인용하고 있다.
122. 보광寶光은 보배에서 반사되는 찬란한 빛을 의미하고, 마니摩尼는 보주寶珠(보배로운 구슬)를 일상적으로 이르는 말로 용왕龍王의 뇌 속에서 나왔다고 한다. 이것을 얻으면 소원이 뜻대로 이루어지며, 불행과 재난을 없애 주고, 더러운 물을 깨끗하게 하며, 물을 변하게 하는 따위의 덕이 있다고 한다.
123. 인도의 갠지스 강Ganges River을 말한다.
124. 산스크리트어 Catvaro Dvipah, 또는 사주四洲, 사천하四天下, 수미사주須彌四洲라고도 한다. 이 사대부주四大部洲는 고대 인도인의 세계관으로써 수미산須彌山 사방의 칠금산七金山과 철위산鐵圍山 사이의 함해鹹海(소금 바다) 가운데 있는 네 개의 대주大洲를 말한다.
125. 수미산 동쪽에 위치하며 원래는 '동승신주東勝身洲'라고 부른다. 이 곳에 사는 사람들의 몸매가 수승殊勝(특별히 뛰어남)한 까닭에 '승신勝身'이라 일컬었고, 지형은 반달 모양이며 사람의 얼굴 또한 반달형이다. 그 국토는 지극히 넓고 크다고 한다.
126. 수미산 서쪽에 위치하며 소 무역으로 이런 이름을 짓게 되었는데, 지형은 만월滿月 같고, 사람의 얼굴 모양 또한 그러하다. 특히 소와 양이 많고 주옥珠玉(구슬과 옥)이 많다고 한다.
127. 수미산 남쪽에 위치하며 지형은 네모상자 같으며, 사람의 얼굴 또한 그러하다. 이곳 주민이 용맹스럽고 훌륭한 기억력으로 능히 좋은 업業을 쌓고, 능히 청정 법행을 닦으며, 부처님이 이 땅에 출현한다고 한다.

주北衢蘆洲[128]가 되었고, 우리의 사는 지경은 남섬부주에 속한지라. 이 세계가 다 부처님의 도술로 되었거늘 어찌 하나님이 창조했다 하나이까."

신천옹이 답왈 "소제가 비록 불교의 이치를 모르지만 그 내력來歷을 의론議論할진대 불조佛祖(불교의 개조) 석가모니는 근본 가비라국迦毘羅國 위성衛城[129] 정반왕淨飯王[130]의 아들이요, 마야부인摩耶夫人[131]의 소생이라. 석가釋迦는 씨족이요, 모니牟尼는 이름이니 인도국 말로 능인적묵能仁寂默이요, 아명兒名(어릴 때의 이름)은 실달悉達(싯다르타 Siddhārtha의 음역어)이며, 별호別號는 교답마喬答摩(가우타마 Gautama의 음역어)라. 천성이 총명하고 마음이 청고淸高(맑고 고결함)하여 태자로 있을 때에 세상 영화가 그 마음을 기쁘게 못하더니, 하루는 궐문 밖에 나갔다가 늙고 병든 자를 만나매 홀연히 생각하되 '이 세상은 도무지 괴롭고 더러운 허화시虛華市(겉으로만 화려한 곳)라. 사람이 어찌하면 기질을 변화하며 고초를 벗어나 윤회 중에 빠지지 아니하고 불생불사不生不死(살지도 죽지도 아니하고 목숨만 붙어 있음)하는 지경에 이를까' 하여 무슨 묘법과 비결 얻기를 항상 생각하더니, 29세에 이

---

128. 수미산 북쪽에 위치하며 지형은 정방형正方形이며 사람의 얼굴 모양 또한 그러하다. 이 곳에서는 천 년의 수명을 받아 누리며 즐거움과 쾌락이 많고 고통은 적다고 한다.
129. 가비라위성迦毘羅衛城은 지금의 네팔 남부와 인도의 국경부근인 히말라야산 기슭의 카필라바스투 Kapilavastu를 말한다.
130. 석가의 아버지로 정반淨飯은 산스크리트 슈도다나 Suddhodāna를 음사音寫한 것이다.
131. 석가의 어머니로 룸비니 Lumbini동산의 사라수沙羅樹 아래에서 석가를 낳았다. 석가 출산 후 7일 만에 타계했다고 전해진다. 마야摩耶는 산스크리트 마야 Māyā를 음사音寫한 것이다.

르러 뜻을 결단하여 부모 처자와 부귀영화를 버리고 달아날새 길에서 한 걸인을 만나 자기의 화려한 의복을 벗어주고 걸인의 남루한 옷을 바꿔 입고 산 중으로 다니며 스승을 구할 새 항상 '암마니팔이후唵摩尼八爾吽'라 하는 경문을 외우니, 그 뜻을 번역하면 곧 남무아미타불南無阿彌陀佛('나무아미타불'의 음역어, '아미타부처님께 귀의합니다'라는 뜻)이라.[132] 6년 동안에 공부를 독실히 할새 점점 곡식을 먹지 아니하여 하루 쌀 한 낱씩 먹더니 마침내 유익함을 얻지 못한지라.

다시 궁중에 돌아가 태자 직분을 행할까 하더니 또 생각하되 '이것은 다 세상 유혹에 빠지는 망상이라' 하고 보리수 나무 아래에 앉아 주야로 묵묵히 생각하고 잠도 자지 아니하더니, 홀연히 부처 되는 이치를 깨달아 가로되 '세상에 모든 고난이 다 욕심에서 좇아옴이라. 일체 욕심을 거절하여 끊고 묵묵히 생각하며 마음을 닦는 것이 부처 되는 근인根因(근본)이라. 죄악을 버리고 세상을 떠나 공허적멸空虛寂滅(번뇌의 경지를 벗어나 생사의 괴로움을 끊은 경지)한 지경에 이르면 영영히 윤회 중에 고난을 면하고 부처가 될지니 하나님의 권능도 쓸데없는지라.' 생각이 그 지경에 이르매 크게 기쁘고 상쾌하여 여러 해 갇혔던 죄인이 일조一朝(하루 아침)에 옥중을 벗어남 같은지라. 이에 불교를 창립하여 도를 전파할새 45년 동안에 일기가 좋은 때는 60문도門徒(불교의 신도를 이르는 말)로 더불어 사방에 다니며

---

132. 해당 주문은 《천수경千手經》에 나오는 '옴마니반메훔'(ॐ मणि पद्मे हूँ 옴, 연꽃 속의 보석이여, 훔)라는 주문의 음역어로서, 관세음보살을 부르는 육자대명왕진언이다. 이 다라니(眞言)를 남무아미타불로 이해한 것은 착오인 듯하다.

전도하고, 여름 장마 때에는 절에서 문도를 가르친지라. 그 후에 아란타阿蘭陀라 하는 제자에게 의발衣鉢[133]을 전하고 구시라국拘尸羅國[134]에서 적적히(조용하고 쓸쓸함) 돌아가셨다고 하는지라.

불교의 비결을 논의하건대 사제四諦[135]와 팔진八眞[136]과 삼귀三歸[137]와 오계五戒[138]가 있나니, 사제四諦는 사람이 세상에 나매 항상 핍박과 고난을 받는 것과 사람의 고난이 정욕을 인하여 온 것과 사람이 정욕을 이기면 열반에 근본이 되는 것과 열반에 들어갈 사람마다 도를 이룬다 함이요, 팔진八眞은 불도를 믿는 것과 집을 떠나 정욕을 거절함과 참 말로 불법을 외우는 것과, 참 행실로 중노릇 하

---

133. 가사袈裟(승려가 입는 법의法衣로 장삼 위에 왼쪽 어깨에서 오른쪽 겨드랑이 밑으로 걸치는 긴 천)와 바리때(절에서 쓰는 승려의 공양 그릇)를 이르는 말이다. 이것은 전법傳法(교법敎法을 전해 주는 일)의 표가 되는 가사와 바리때를 후계자에게 전하던 일에서, 스승으로부터 전하는 교법이나 불교의 깊은 뜻을 이르는 말이다.
134. 고대 인도 마라국의 수도였던 쿠시나가라성Kuśinagara城을 말한다. 지금의 카시아Kasia에 해당하며 성 밖의 사라림沙羅林에서 석가모니가 입적하였다.
135. 불교에서 영원히 변하지 않는 네 가지 성스러운 진리를 말하는데, 즉 고제苦諦(현세에서의 삶은 곧 고통이라고 하는 진리), 집제集諦(괴로움의 원인은 끝없는 애집愛執에 있다는 진리), 멸제滅諦(모든 욕망을 벗어나서 괴로움이 소멸한 열반의 경지를 이상이라고 풀이하는 진리), 도제道諦(번뇌와 업을 끊고 열반에 도달하는 길)를 이른다.
136. 괴로움의 소멸에 이르는 여덟 가지 바른 길로 '정견正見(바른 견해), 정사유正思惟(바른 생각), 정어正語(바른 말), 정업正業(바른 행위), 정명正命(바른 생활), 정정진正精進(바른 노력), 정념正念(바른 마음챙김), 정정正定(바른 집중)'이 그것이다.
137. 석가모니가 정한 불교신자가 되기 위한 최소한의 신앙으로, 불보佛寶(부처님), 법보法寶(진리), 승보僧寶(승려)라는 불교의 세 가지 귀중함에 귀의 해야 한다는 의미이다.
138. 불교에서 속세에 있는 신자들이 지켜야 할 다섯 가지 계율, 불상생不殺生(살생하지 말라), 불투도不偸盜(훔치지 말라), 불사음不邪淫(음란한 행위를 하지 말라), 불망어不妄語(거짓말하지 말라), 불음주不飮酒(술 마시지 말라)을 말한다.

는 것과, 참 법으로 의식을 도모함과, 참 힘씀으로 육신을 이김과, 참 마음으로 불결함을 버림과, 참 묵상함으로 참선법參禪法을 행함이요, 삼귀三歸는 돌아가 부처에게 의지함과, 돌아가 불법을 의지함과, 돌아가 중에게 의지함이요, 오계五戒는 살인하지 말며, 도적질하지 말며, 간음하지 말며, 거짓말하지 말며, 술을 마시지 말라 함이라. 또한 불서佛書에 가로되 '이 세상이 태초에 십이풍륜十二風輪[139]으로 창조가 되었으니, 풍륜 중에 금목수화토金木水火土 오행五行(우주 만물을 이루는 다섯 가지 원소)이 있고, 풍륜 위에 칠금산七金山(수미산의 둘레를 일곱 겹으로 싸고 있는 일곱 산),[140] 칠향수七香水가 있고, 향수 밖에 철위산鐵圍山(지변산持邊山[141]을 둘러싸고 있는 아홉 산 가운데 가장 밖에 있는 산)이 있고, 철위산 밖에 제팔염해第八鹽海가 있고, 염해 가운데 보광마니향수해寶光摩尼香水海가 있고, 향수 가운데 종종광명예향당種種光明蘂香幢이란 꽃이 있고, 꽃 위에 이십중二十重 화장찰해華藏刹海[142]가 있고, 그 중에 제십삼층第十三層 남섬부주南贍部洲가 있으니, 곧 이 세계라. 삼천대천세계三千大千世界(고대 인도인의 세계관에서 전 우주를 가리키는 말)가

---

139. 열두 개의 풍륜. 풍륜風輪은 사륜四輪의 하나로 이 세상을 받치고 있는 층 가운데 수륜 아래, 공륜 위에 있는 바람을 말한다. 사륜은 이 세상을 받치고 있다는 네 개의 바퀴, 즉 금륜金輪(세계의 대지를 받들고 있는 지층), 수륜水輪(땅 밑에 있으면서 대지를 받치고 있는 물), 풍륜風輪과 그 아래에 있는 공륜空輪(이 세상을 받치고 있는 층 가운데 가장 아래에 있는 허공)을 이른다.
140. 이 일곱 산은 지쌍산持雙山, 지축산持軸山, 담목산擔木山, 선견산善見山, 마이산馬耳山, 상비산象鼻山, 지변산持邊山을 이르는데, 모두 금빛을 띠고 있다고 한다.
141. 칠금산의 가장 바깥에 있어 지변이라고 하며, 바다를 사이에 두고 상비산이 둘러싸고 있다.
142. 화엄경에서 이야기하는 비로자나불毘盧遮那佛(석가의 진신眞身을 높여 부르는 칭호)의 정토, 즉 불교도들의 이상향인 연화장세계蓮華藏世界(극락)를 말한다.

무수한 항하사恒河沙 같이 많다 한지라.' 그러나 이 세계가 지수화풍地水火風으로 되었다 하면, 땅과 물과 불과 바람은 당초에 어디로 좇아 생겼느뇨? 반드시 내신 이가 있을 것이요, 또한 예향당이란 꽃은 아무 권능과 지혜도 없고 일개 무지한 초목이거늘 어찌 세상을 창조할 조화가 있으리오. 이것은 유도儒道에 이른바 '무극無極이 태극太極을 생하고, 태극이 양의兩儀(양과 음)를 생하고, 양의가 사상四象을 생생하여, 음양오행陰陽五行의 이기理氣로 만물이 자연히 생긴다' 함과 같은 말이라. 자연이란 말은 저절로 된다는 말이니 세상에 어찌 저절로 될 물건이 있으리오. 이제 집을 두고 의론할지라도 벽돌과 주초柱礎(기둥 아래에 괴어 놓은 돌)와 동량棟梁(기둥과 들보)과 창호窓戶(창과 문의 통칭)가 다 저절로 되어 백성들이 살게 되었다 하면 누가 그 말을 믿겠느뇨? 이제 천지는 곧 집과 같고, 강해산악江海山岳(강과 바다와 높은 산)과 일월성신日月星辰(해와 달과 별을 통틀어 이르는 말)은 집안의 물건과 같은지라. 반드시 전능하신 조화주께서 창조하심이 분명한 것이라. 부처님도 조화주造化主께 만드심을 받은 사람이거늘 어찌 세계를 만들 권능이 있으리요."

원각이 청파聽罷에 놀라 가로되 "선생의 다문박식多聞博識(보고 들은 것이 많고 아는 것이 많음)과 고명한 말씀은 실로 탄복하거니와 감히 여쭈오니 부처님은 당초에 사람이 아니요, 도솔천궁兜率天宮 회명보살誨明菩薩로 비록 천축국天竺國(인도의 옛 이름) 정반왕淨飯王의 아들이었으나 10년 고행으로 성품을 보고 도를 깨달아 부처님이 되었으니 천상천하에 못하실 일이 없는지라. 어찌 도술이 없다 하리오. 옛적에 달마達摩 존자尊者(불교에서 학문과 덕행이 뛰어난 부처의 제자를 높여 이르는 말)는 나무 표자瓢子(표주박)를 타고 수만 리 창해滄海(넓고 큰 바다)를 건넜으며, 석가세존釋迦世尊(석가모니를 높여 이르는 말)은 죽었다 하나 관 속에서 발꿈치를 들어 죽지 않음을 보이셨고, 부처님 미간에 흰털이 있어 옥호금광玉毫金光(부처의 두 눈썹 사이의 흰 털에서 나오는 금빛)이 동방 일만 팔천 세계에 비추었으며, 십홀방장十笏方丈[143]에 오천五天 사자獅子의 자리를 베풀었고, 콧구멍에 능히 수미산須彌山을 감춰왔다 하였으니 사람이 부처가 되지 못함으로 도술을 행하지 못함이라. 부처님이 어찌 권능이 없으리까?"

신천옹이 가로되 "대사의 말씀을 들으니 가위可謂(참으로) 굉장허무轟莊虛無(허황되고 텅 비어 실상이 없음)하도다. 사람이 다만 말로만 행할진대 능히 태산泰山[144]을 옆에 끼고 북해北海[145]도 건너 뛸 것이요, 하루 백천百千(엄청나게 많은 수) 번씩 천당에 올라갈지라. 어찌 그 허탄한 말만 믿으리오. 도승道僧(불도를 닦아 깨달은 승려)의 이적異跡을 말씀할진대 신라국新羅國 원효대사元曉大師[146]는 서촉西蜀 검각산

---

143. 홀笏 열 개를 이어 놓은 길이만큼 매우 작은 사방 1장丈(10척尺)되는 방을 의미한다. 원래《유마경維摩經》에 나오는 말로 유마거사維摩居士의 작은 방을 방장方丈이라고 한 것에서 유래한다.
144. 중국 산동성山東省 태안泰安 북쪽에 있는 태산泰山을 가리킨다. 중국의 다섯 명산인 오악五岳 가운데 하나로 예로부터 신령한 산으로 여겨졌다.
145. 북해北海는 대서양의 일부로서 동쪽으로는 노르웨이, 덴마크, 남으로는 네덜란드, 벨기에, 프랑스, 서쪽으로는 영국의 해안에 둘러싸인 바다이다.
146. 신라의 승려로 해동종海東宗을 제창하여 불교의 대중화에 힘썼으며 불교 사상의 융합과 그 실천에도 노력하였다. 당나라로 유학을 가는 도중에 간밤에 마신 물이 해골에 괸 물이었음을 알고 대오大悟했다는 일화는 유명하다. 저서로《금강삼매경논소金剛三昧經論疏》,《십문화쟁론十門和諍論》,《화엄경소華嚴經疏》등이 있다.

劍閣山[147] 암자의 중들을 구원할새 쟁반을 던졌으며, 공주公主를 취할 때에 철침鐵針(쇠로 만든 바늘)을 삼켰고,[148] 고려국高麗國 진묵대사眞默大師[149]는 생선국을 먹고 뒤 볼 때에 모든 물고기가 환생하여 물로 뛰어 들어갔으나,[150] 부처님도 모르는 것이 있으니 한산습득寒山拾得[151]은 문수文殊[152]와 보현普賢[153]의 후신으로 신이神異(신기하고 이상함)한 도술이 많되 불가설의不可說儀(말로는 설명할 수 없고 체득을 통해 알 수 있는 참된 이치) 네 가지가 있다 하니 중생계衆生界와 허공계虛空界와

---

147. 중국 사천성四川省 검각현 동북쪽에 있는 산으로 사천과 섬서陝西 사이의 군사적 요충지다. 장안長安에서 서촉으로 들어가는 통로로 험준한 요해지로서 유명하였다.
148. 원효 관련 각종 전기물에는 원효가 신라에서 쟁반을 던져서 당나라 선성사 사람들을 화재에서 구원한 일화와 신라의 요석공주와 인연을 맺어 설총을 낳았던 일화가 전한다.
149. 조선 인조 때의 승려 일옥一玉(1562 - 1633)을 말한다. 원래 그의 호는 진묵震默으로 본문의 진묵眞默은 이를 잘못 표기한 것으로 보인다. 석가의 소화신小化身으로 추앙 받았으며, 술을 잘 마시기로 유명하고 신통력으로 많은 이적異跡을 행하였다고 한다. 저서로 《어록語錄》이 있다.
150. 이 일화의 전체 이야기는 다음과 같다. 어느 날 승려 진묵이 길을 가다가 소년들이 냇가에서 물고기를 끓이는 것을 보고, "이 무고한 고기들이 붙잡혀 고생을 하는구나!" 탄식하자, 한 소년이 "스님도 먹고 싶지 않은가?"라고 희롱하였다. "나도 잘 먹는다"라고 대꾸하고 함께 매운탕을 먹은 뒤 냇가에 가서 대변을 보니 먹었던 물고기들이 살아서 헤엄쳐 갔다고 한다.
151. 중국 당나라의 두 선승禪僧이었던 한산과 습득을 말한다. 이들에 대한 전설은 송대宋代 선禪의 유행과 더불어 애호되어 자주 동양화에서 선화禪畵의 소재가 되었다.
152. 석가모니여래의 왼쪽에 있는 보살로, 사보살四菩薩(보현, 문수, 관음, 미륵)의 하나이다. 제불諸佛의 지혜를 맡은 보살로 그 모양이 가지각색이나 보통 사자를 타고 오른손에 지검智劍, 왼손에 연꽃을 들고 있다.
153. 석가모니여래의 오른쪽에 있는 보살로, 형상은 크게 흰 코끼리를 탄 모양과 연화대蓮花臺에 앉은 모양 두 가지가 있다. 불교의 진리와 수행의 덕을 맡았으며, 왼쪽의 문수보살과 함께 모든 보살의 으뜸이 되어 언제나 여래의 중생 제도를 돕는다.

불세계佛世界(부처가 있는 세계)와 용세계龍世界(용이 있는 세계)라 하였으니, 불佛(부처)은 오도悟道(불교의 도를 깨달음)한 성인이로되 오히려 할 수 없는 것이 있거니와 전능하신 상주上主(하나님)께서는 못하실 일이 도무지 없는지라.

우리 주 예수께서는 콧구멍에 능히 수미산을 감추는 것은 고사하고 한 마디 말씀으로 능히 이 세상을 창조하셨으니 그 권능이 족히 한 마디 세상으로 세계를 없어지게 할 수도 있는지라. 사도 요한의 복음에 가로되 '주의 행적을 낱낱이 기록할진대 그 책을 둘 곳이 이 세상이라도 부족하리라' 하였으니, 예수 씨의 기행 이적은 한량없이 많으므로 기록할 수 없음이라. 그러나 이적을 행함으로 백성들이 복종하면 거룩한 도道의 참 이치를 알지 못할까 염려하사 이적은 항상 은밀히 행하시고 참 이치를 주장하여 가르치신지라.

대개 사람이 세상에 날 때에 하나님께서 영혼을 주사 만물 중에 가장 귀하게 하셨으니 만국 만민의 큰 아버지시라, 불가불不可不(마땅히) 존경해야 할 것이요. 또한 사람마다 부모가 있은 후에 부정모혈父精母血(아버지의 정수精髓와 어머니의 피란 뜻으로, 자식은 부모의 뼈와 피를 물려받음을 이르는 말)로 육신이 생겼으니 생육하신 은혜가 한량없는지라, 불가불 효경孝敬(부모를 잘 섬기고 공경함)하고 봉양奉養(웃어른을 받들어 모심)하여 자식의 직분을 다할 것이요. 형제는 한 부모의 혈육을 받아 동기지인同氣之人(형제와 자매, 남매 사이)이라 불가불 우애할 것이요. 임금은 전군全郡 백성을 다스리는 제왕이요 우리의 부모라, 불가불 충성을 다하여 섬길 것이요. 부부는 인류의 비롯함이요,

인생 백 년에 아름다운 짝이라, 불가불 환락歡樂(기뻐하고 즐거워함)하여 자기 몸 같이 사랑할 것이요. 사해四海(온 세상) 안의 사람은 다 형제와 자매라, 불가불 신의로 교접交接(서로 마주 닿아 접촉함)할지니 이것은 이른바 오륜삼강五倫三綱의 도道요, 고금 천지에 떳떳한 이치라. 불교가 비록 크다 하나 삼강오상三綱五常의 도道를 능히 행하지 못하나니 어찌 족히 대도大道라 칭하리요. 그런고로 신라국 강수强首[154]라 하는 문장文章(문장가)은 일세一世(한 시대)에 유명한 달관達觀(사물에 통달하여 높은 식견에 이름)이로되 '불교는 세상 밖의 교라 숭상할 것이 없다' 하였으니, 인륜人倫과 천륜天倫을 좇는 자는 행하지 못할 교라 하노라."

원각이 청파聽罷에 불열不悅 왈 "선생이 불경을 다 보지 못함이로다.《은중경恩重經》[155]의 말씀은 부모의 은공을 가르친 것이요, 또한 불서佛書에 가로되 '천지는 나로 더불어 동근同根(같은 근본)이요, 만물은 나로 더불어 동포라'[156] 하였으니 불교가 지극히 착함으로 초목과 곤충까지 살해하지 않거늘 어찌 윤상倫常(인륜의 변하지 않는 떳떳한 도)의 도리가 없다 하리요."

---

154. 통일신라의 유학자이자 문장가로 유학에 관심을 기울였고, 벼슬길에 나아가 여러 관직을 역임하였다. 6두품이라는 신분적 한계를 극복하고 유학과 문장력으로 출세한 대표적인 학자로서 신라 중대 유교정치 이념을 확립하는 데 큰 영향을 미쳤다.
155. 부모의 크고 깊은 은혜를 보답하도록 가르친 불교 경전으로 《불설대보부모은중경佛說大報父母恩重經》이라고도 한다. 부모의 은혜가 얼마나 크고 깊은가를 열 가지의 대은혜大恩惠로 나누어 설명하고 있다.
156. 《벽암록碧巖錄》 40칙則의 본칙本則을 인용한 문장으로, 원문은 "천지여아동근天地與我同根, 만물여아일체萬物與我一體"이다.

신천옹이 답왈 "대사는 소제의 말씀을 자세히 들으시고 깊이 생각하여 보소서. 불교인들이 육도윤회六道輪廻[157]의 말씀을 헛되이 믿음으로 계견육축鷄犬六畜(닭과 개를 비롯하여 집에서 기르는 대표적인 여섯 가지 가축, 소, 말, 양, 돼지, 개, 닭을 말함)의 고기를 먹지 않음은 자기의 조부모가 죽은 후에 혹시 육축六畜이 되었는가 의심함이요, 곤충까지 살해하지 않음이라. 어찌 어리석지 않으리오. 사람이 만물 중에 귀하다 함은 특별히 허령지각虛靈知覺(허령은 마음의 신령한 본체이고, 지각은 마음의 작용이다.)이 있음이요, 천지 간에 삼대륜三大倫(세 가지 큰 도리)이 있으니 천륜天倫과 인륜人倫과 물륜物倫이라. 불교인은 삼대륜을 알지 못하고 불멸할 줄도 모르니 어찌 가련하지 않으며 어찌 종교라 하리요. 천지가 나와 동근同根이라 하니, 천지가 생길 때에 부처가 함께 생生하지 못했거늘 어찌 동근이라 하느뇨. 이것은 천륜을 알지 못함이요. 만물이 나와 동포라 하니, 사람이 어찌 초목금수草木禽獸(풀과 나무와 날짐승과 길짐승을 통틀어 이르는 말로, 온갖 생물을 말함)더러 형제라 칭하며 곤충어민昆虫魚繁(곤충류와 물고기류)더러 자매라 칭하겠느뇨. 이것은 인륜을 분별하지 못함이라. 어찌 가련하지 않으리오."

원각이 묵묵히 생각하다가 깨달아 가로되 "그러하면 삼대륜의

---

157. 선악의 응보應報에 따라 육도六道를 윤회하는 일을 말한다. 육도란 삼악도三惡道와 삼선도三善道를 통틀어 이르는 말로 중생이 선악의 원인에 의하여 윤회하는 여섯 가지의 세계이다. 여기서 삼악도는 악인惡人이 죽어서 가는 세 가지의 괴로운 세계, 즉 지옥도地獄道, 축생도畜生道, 아귀도餓鬼道이며, 삼선도는 선인善人이 죽어서 가는 세 가지의 세계, 즉 천도天道, 인도人道, 아수라도阿修羅道이다.

이치를 자세히 가르쳐 말씀하소서."

신천옹이 답왈 "천륜과 인류은 차차 말씀하려니와 대저 물류이라 함은 초목금수를 가르쳐 말함이나, 초목草木은 다만 생혼生魂(생물이 생활하여 나가는 힘)만 있어 음양수토陰陽水土의 기운으로 생장生長하다가 사람이 기계로 베면 아무 소리도 없이 말라 죽을 따름이로되 각각 종류의 씨를 좇아 무성 하는 것이요. 금수禽獸는 다만 생혼과 각혼覺魂(사람과 동물의 감각하는 힘)이 있는 고로 주리면 먹을 줄 알고 맞으면 아픈 줄을 깨달아 능히 소리도 하며 기틀을 보아 피화避禍(재화災禍를 피함)도 할 줄 알되 오직 허령지각이 없는 고로 학문상에 진보가 없나니 오작烏鵲(까마귀와 까치)의 집을 두고 볼지라도 태고太古(아득한 옛날) 적에 집 짓던 모양과 지금 시절에 지은 집에 여일如一(처음부터 끝까지 한결같음)하여 조금도 진보된 것이 없고, 까마귀는 몇 만년을 지나도 능히 검은 옷을 벗지 못하며, 백로白鷺는 몇 천년을 상전相傳(대대로 이어 전함)하되 능히 흰옷을 변하게 하지 못하나니, 이것은 하나님께서 금수를 내실 때부터 그 성질을 이렇게 마련하신 것이니 이것은 이른바 물류物倫이요. 인류은 하나님께서 특별히 사람에게 생혼과 각혼과 영혼靈魂을 주심으로 능히 천리와 지리도 깨달으며 이왕에 지나간 상고上古(아주 오랜 옛날) 사적事跡과 금세今世에 당연히 행할 직분과 내세에 어디로 돌아가는 것을 다 아는지라. 사람은 특별이 영靈의 각성이 있음으로 물리를 궁구하며 학문을 닦을수록 지혜가 늘어가나니 태고적 사람은 목실木實(나무의 열매)

을 먹고 암혈巖穴(바위에 난 굴)에 거하더니, 유소씨有巢氏[158] 때에 비로소 나무를 얽어 깃드는 처소를 만들었으며, 제요帝堯[159] 때에는 집 짓는 제도가 진보되어 토계삼등土階三等(흙으로 쌓은 세 계단)에 모자부전茅茨不剪(풀로 지붕을 이고 처마는 자르지 않음)하였고, 전국戰國 시대에는 더욱 진보하여 진시황의 아방궁阿房宮은 위에만 사람이 앉게 하고 아래 오장기五丈旗[160]를 세우도록 지었으니, 동물 중에 특별히 다른 것은 사람이라. 사람의 사람됨이 대단히 존귀한 것은 위로 하나님을 존경하고 구세주를 신봉하여 천륜의 이치를 순종하며, 아래로 초목금수와 곤충어민을 제어하고 다스려 물류의 이치를 궁구하고, 이 세상에서 부모에게 효경하며 임금에게 충성하고 타인 사랑하기를 내 몸과 같이 하여 오륜삼강의 도리를 극진히 행하고, 수신제가修身齊家(자기의 몸을 닦고 수양한 후 집안을 다스림)와 치국평천하治國平天下(나라를 잘 다스리고 온 세상을 평안하게 함)에 사업을 다하며, 내생來生(죽은 뒤의 생애)의 영혼까지 구원하여 천당 복지에서 무궁한 영화를 받는 것이 사람의 당연한 직분이라.

그러나 불교를 존숭尊崇하는 무리들은 그렇지 아니하여 부모, 처자와 형제, 자매와 군신 상하를 일제히 거절하여 헌신같이 버리고

---

158. 중국 고대의 전설적인 성인으로, 새가 보금자리를 만들고 사는 것을 보고 사람에게 집을 짓는 것을 가르쳤다고 한다.
159. 중국 역사책인 《십팔사략十八史略》에서 상고시대 요堯임금의 기록에 나오는 말로, 제요帝堯는 도당씨陶唐氏, 즉 중국 오제五帝(고대 중국의 다섯 성군聖君인 소호少昊, 전욱顓頊, 제곡帝嚳, 요堯, 순舜을 가리킴)의 한 사람인 요堯를 이르는 말이다.
160. 다섯 장丈 높이의 깃발. 장丈은 길이의 단위로 한 장은 한 자尺의 열 배로 약 3미터에 해당.

심산궁곡深山窮谷(깊은 산속의 험한 골짜기)에 불당佛堂과 암자庵子를 건축하고 주야로 부처 앞에 참배하며 아미타불阿彌陀佛, 관세음觀世音을 쉴새 없이 부르고 마음을 밝히며 성품을 본다 하여 참선參禪(조용히 앉아 스스로 선도禪道를 수행함) 공부를 힘쓸 때에 사람의 윤기倫紀(윤리와 기강)와 세상에 의리를 아주 잊어버리라고 하나니 사람마다 불교를 행할진대 윤상倫常(인륜의 떳떳하고 변하지 아니하는 도)이 끊어지고 인종이 민멸泯滅(자취나 흔적이 아주 없어짐)할지라. 어찌 다시 불교인들 행할 사람이 있으리요. 대사는 깊이 생각하여 쓸데 없는 목석木石으로 만들고 금은金銀으로 단장한 우상에게 합장배례合掌拜禮(두 손바닥을 마주 대고 절함)하지 말고 광명정대光明正大(말이나 행실이 떳떳하고 정당함)하고 호호탕탕浩浩蕩蕩(끝없이 넓고 힘찬 기세)하신 하나님의 참 치리治理(통치)를 좇으소서."

원각이 능히 답하지 못하는지라. 어언간於焉間(알지 못하는 사이에 어느덧)에 일락서산日落西山(해가 서산으로 떨어짐)하고 귀조투림歸鳥投林(새가 숲으로 돌아옴)하는데, 원촌모옥遠村茅屋(멀리 떨어져 있는 마을의 초가지붕)에 석연夕煙(저녁밥을 지을 때에 나는 연기)이 일어나거늘 각각 사관(私館 혹은 舍館, 숙식하며 머무는 곳)을 찾아 돌아올새 명일明日(내일) 다시 만나기를 약속하였으니 아지 못거라(알 수 없구나). 이 사람들의 수작이 어찌 되었는고? 하회下回(다음 번)를 보라.

詩曰

道士相逢性海深  도사가 서로 만나매 성해性海(덕이 원만히 구비된

　　　　　　경지)가 깊었으니
靈臺臺上共論心　영대상에서 함께 마음을 토론했더라
未來四友同歸一　말래未來(늘그막)에 네 벗이 한 곳에 돌아갔으니
天路分明在福音　하늘 길이 분명히 복음에 있더라

그 이튿날 평명平明(해가 돋아 밝아올 무렵)에 네 사람이 일제히 영대 위에 모여 전일에 미진未盡(아직 다하지 못함)한 회포를 각각 토론할새 원각이 가로되 "작일昨日(어제)에 신천옹의 말씀을 들은 후에 흉중胸中(가슴 속)에 모색茅塞(마음이 가리어 생각함이 어둡고 답답함)함이 돈연頓然(어찌할 겨를도 없이 급하게)히 열린지라. 소승이 지나간 밤에 잠을 이루지 못하고 묵묵히 생각하온즉 윤상의 의리를 온전히 행하고 능히 천당까지 들어가기는 예수교가 불교보다 쉬울 듯 한지라. 물류과 인류의 이치는 이미 들었거니와 감히 묻나니 천륜의 이치는 어떠하니이까?"

신천옹이 답왈 "천륜이라 함은 하나님의 거룩하신 성체와 신성하신 성품을 말씀함이라. 하나님께서는 온전히 능하시고 지극히 거룩하시며, 무소부지無所不知(모르는 것이 없음)하시고 무소부재無所不在(하나님의 적극적 품성의 하나로 그 존재와 섭리가 모든 피조물 속에 미치고 있음)하시며, 독일무이獨一無二(오직 하나뿐이고 둘도 없음)하시고 무시무종無始無終(시작도 없고 끝도 없음)하시사 천상천하에 못하실 일이 없으시며, 사람의 생전사후와 만물의 흥망성쇠를 다 주관하시나니 성덕聖德과 공의公義와 인애仁愛와 자비慈悲와 진리眞理가 계시고, 전

능 중에 성기聖氣(성스러운 기운)와 무시종無始終(시작과 끝이 없음)과 유일惟一(오직 하나밖에 없음)과 편재遍在(두루 퍼져 있음)와 불역不易(바꾸어 고칠 수 없음)이 계신지라. 그 위位를 말씀할진대 셋이 있으니 성부와 성자와 성신이시요, 그 체體를 말씀할진대 하나이시니 독일무이하신 하나님이시라. 성부께서는 천지와 바다와 그 가운데 만유에 물건을 창조하신 이시요, 성자께서는 이 세상에 강생하사 무한한 고초를 받으시고 십자가에 못박혀 죽으사 흘리신 피로 만국 만민의 죄를 대속하신 미새아彌賽亞(메시아Messiah의 음역어)시요, 성신께서는 이 세상에 오사 악한 사람의 마음을 감화하여 선하게 하시며 어두운 자의 마음을 밝게 하시고 어리석은 자의 성정을 지혜롭게 하시는 보혜사保惠師시라. 성자 예수께서 십자가에 죽으사 장사한지 제3일만에 다시 일어나사 40일 동안을 제자에게 전도하신 후에 승천하사 하나님 우편에 앉아계시다가 이 세상 말일末日에 무수한 천사를 거느리시고 재림하사 만국 만민의 선악을 심판하시되, 약한 자는 지옥 불멸지화不滅之火(없어지거나 사라지지 않는 불)에 던지시고 선한 자는 천당 낙원으로 보내사 무궁한 쾌락을 받게 하실지라. 이것이 이른바 천륜이니, 곧 하나님의 거룩하신 교회라. 사람이 세상에 날 때에 영혼을 하나님께 받았으니 하나님은 곧 우리의 큰아버지시라. 사람이 부정모혈父精母血(아버지의 정수精髓와 어머니의 피라는 뜻으로, 자식은 부모의 뼈와 피를 물려받음을 이르는 말)로 포태胞胎(임신)가 되어야 아이가 나거니와 그 영혼인즉 육신의 부모가 능히 마다하지 못하는 것이요, 반드시 하나님께서 주신 것이며 적작(정작) 참 사람은 무형무상無形無狀(아무런 형상이나 형체가 없음)한 영혼이니 당초에 사람도 천륜으로 난 것이거늘 하나님을 경배하지 않음으로 천륜을 모른다 하나이다."

원각이 청파聽罷에 재삼再三(거듭) 칭선稱善(칭찬하여 좋게 여김)하고 또 가로되 "사람이 선을 행함으로 천당에 올라감을 믿거니와 우리 불교로 말씀하면 천상선관天上仙官도 복이다 하면 왕왕히 윤회 중에 떨어져 인간에 환생한다 하였거늘 예수교 말씀은 천당 사람들은 영영히 복을 받는다 하오니 과연 이상한지라. 참으로 예수 씨 말씀과 같을진대 누가 믿지 아니하리오. 이 세상에서 유자유손有子有孫(아들, 손자 등의 후손이 있음)하여 부부화락夫婦和樂(부부가 화평하고 즐거움)하며 효경부모孝敬父母(부모를 잘 섬기고 공경함)하고 충군애국忠君愛國(임금에게 충성을 다하고 나라를 사랑함)하여 세상 재미를 다 행하는 중에 능히 영혼을 구원하여 천당에 가고 한번 천국에 들어간 후에 영영히 떨어지지 않을진대 소승은 현현적적玄玄寂寂(조용하고 쓸쓸함)하고 허허공공虛虛空空(아무것도 없음)한 불교보다 예수를 믿는 것이 좋을까 하나이다."

백운이 곁에 있어 양인兩人(두 사람)의 수작하는 말씀을 세세히 들은지라. 흔연히 웃어 가로되 "사람이 선술仙術 공부를 연단하여 환골탈태함으로 능히 기질을 변화하면 일신이 경쾌하여 삽시간에 능히 천만리를 행할 것이요, 천상천하에 임의로 왕래하여 아침에 십주삼산十洲三山[161]에 가서 놀다가 저녁에 능히 방장봉래方丈蓬萊(중국 전설에 나오는 방장산과 봉래산)로 다닐 것이요, 도솔천궁와 영산도장靈山道場(부처나 보살이 도를 얻으려고 수행하는 신령스러운 산)으로 한가히 노닐지라. 어찌 죽은 후에 영혼이 천당에 가는 것을 좋다 하리오."

신천옹이 가로되 "선생의 말씀이 세계 종교 중에 선도仙道가 제일 좋다 하심이니 신선이 모두 몇 가지 등분이나 있나이까?"

백운 왈 "선도를 숭상하는 자가 벽곡법僻穀法(곡식은 안 먹고 솔잎, 대추, 밤 따위만 날로 조금씩 먹는 식이요법)을 제일로 알아 화식火食(불에 익힌 음식)을 먹지 않고 도관道觀(도교道敎의 사원 혹은 도사가 수도하는 곳)을 찾아가 도경道經(도교의 경전)을 공부하며 산중에 들어가 채약採藥(약초나 약재를 캐서 거두는 일)하기를 일삼는 자는 이르되 하등선下等仙이라 하고, 이미 곡식 먹기를 거절하고 기질을 변화하여 바람을 마시며 이슬을 먹고 진루塵累(세상살이에 연관된 너저분한 일)를 거절하여 환골탈태가 되는 자를 이르되 중등선中等仙이라 하고, 환골탈태가 될 뿐만 아니라 신통한 묘술이 있어 삼산십주三山十洲와 천상천하에 임의로 소요逍遙(자유롭게 이리저리 슬슬 거닐며 돌아다님)하며 백 천 만년에 장생불사長生不死(오래도록 살고 죽지 아니함) 하는 자를 이르되 상등선上等仙이라 하나이다."

신천옹이 대왈 "소제는 아는 것이 없거니와 일찍이 들은즉 신선

---

161. 십주十洲는 삼산三山과 함께 신선세계를 상징한다. 십주는 조주祖洲, 영주瀛洲, 현주玄洲, 염주炎洲, 장주長洲, 원주元洲, 유주流洲, 생주生洲, 봉린주鳳麟洲, 취굴주聚窟洲이고, 삼산은 삼신산三神山이라고도 부르며 중국 전설에 나오는 봉래산蓬萊山, 방장산方丈山, 영주산瀛州山을 통틀어 이른다.

의 분별이 오등五等(다섯 등급)이 있으니 가로되 귀선鬼仙[162]과 인선人仙[163]과 지선地仙[164]과 신선神仙[165]과 천선天仙[166]이라. 선술을 흠모하여 행하고자 하다가 죽은 자를 이르되 귀선이라 하고, 인선과 지선은 인간에 있어 약이나 만들어 먹고 물외物外(구체적인 현실 세계의 바깥 세상)에 소요하여 선술을 공부하는 자요, 신선은 능히 신묘지술神妙之術(신통하고 묘함한 술법)을 통하여 공중에 비행하며 태식법胎息法(도가에서 행하던 호흡법의 하나)[167]으로 단丹을 이루는 자요, 천선은 성태聖胎(성인聖人의 태아, 몸안에 있는 음양의 기가 부부처럼 작용하여 신선이 될 단丹을 이루는 것)를 배어 몸 빛이 광명하고 경쾌할 지경에 이르면 천상선관天上仙官들이 선학仙鶴(두루미)을 보내어 천선 낙원으로 영접하여 간다 하나니 이것은 다 허탄하고 믿을 수 없는 말이라. 단약丹藥

---

162. 다섯 등급의 신선 중 가장 아래 등급으로, 음陰에서는 초탈했으나 형상이 분명하지 않아 저승세계에 성性이 없고, 윤회에 들어가지 못하고 돌아갈 곳이 없이 떠도는 이를 귀선鬼仙이라 한다.
163. 다섯 등급의 신선 중 아래에서 두 번째 자리에 있으며, 형체가 견고해져서 온갖 병이 해를 끼칠 수 없으며 편안함은 많고 병이 적으니 이를 인선人仙이라 한다.
164. 신선의 재질은 있으나 큰 도道를 깨닫지 못하고 중간 정도 이루는 데에 그쳐 공이 나타나지 않으며, 다만 오랫동안 세상에 머물러 살면서 인간으로서 불사하는 사람이 지선地仙이다.
165. 일반 사람을 벗어나 성인聖人의 경지로 들어가 환골탈태하고 기질이 변화되어 사물에 구애 받지 않고 자유스럽게 유유자적悠悠自適하며, 신神을 수련하여 본래의 신으로 되돌아간 자이다.
166. 이 세상을 초월하여 세상의 울타리를 타파하고 초탈함을 얻으니, 이처럼 하늘에 인연이 있어 하늘에서 낸 자를 천선天仙이라 한다.
167. 잡념을 없애고 가만가만 숨을 쉬어서 기운이 배꼽 아래에 미치게 하는 호흡법으로, 이를 되풀이하면 오래 산다고 한다.

(신선이 만든다고 하는 장생불사의 영약)을 먹음으로 어떻게 기질을 변화하며, 또한 육신을 해탈하지 못하고 어찌 장생불사 하기를 바라리오. 선술을 배우다가 이루지 못할 뿐 아니라 오히려 해를 받은 자가 불소不少(적지 않음)하니, 옛적에 조선국 기씨箕氏(기자 조선을 말함) 천로왕天老王[168] 때에 방사方士(신선의 술법을 닦는 사람) 백일청伯一淸이 주周나라로부터 나아와 선도를 전하거늘 천로왕이 백일청으로 스승을 삼고 선술을 공부할새 구선대求仙臺(선도를 구하는 곳)를 흘골산紇骨山(지금의 평안도 성천군成川郡)에 지으니 높이가 500장丈이라. 보석과 화문석花紋席(꽃돗자리)으로 쌓았으며, 영선악迎仙樂(선도를 환영하여 맞이하는 음악)을 비류강沸流江 상에 베풀고 궁녀들로 영선무迎仙舞를 춤추었으며 태청도관太淸道觀(도교 사원)을 다물군多勿郡(평안도 성천군의 옛 지명)에 짓고 방사方士들을 해도海道(하삼도下三道, 즉 충청, 전라, 경상 3도의 연안지방을 일컫던 말) 중에 보내어 선약仙藥(단약丹藥과 같은 뜻)을 구하였으나 천로왕이 단약丹藥을 먹다가 흉중에 불이 일어나 답답함으로 조울燥鬱(초조하고 답답함)하여 죽었으니 그 왕은 장생長生(오래 삶)하기를 구하다가 수한壽限(타고난 수명)을 더욱 단촉短促(짧게 재촉함)히 만든 것이요.

또한 《열선전列仙傳》[169]을 볼지라도 자고自古(예로부터 지금까지)로

---

168. 《기자지箕子志》의 기록에 의하면 천로왕은 중국 혜왕惠王 19년에 즉위하여 24년간 재위 (BC 658 - BC 634)하였다.
169. 현존하는 모든 도교 설화의 총집으로서 등장인물 가운데 일부분은 상고시대 신화전설의 인물이고, 일부 실존인물도 있다. 그 중 인간과 신의 연애고사와 유선고사遊仙故事는 중국 지괴소설志怪小說의 전형적인 제재이다. 진대晉代 이후의 신선고사는 대부분 이 책에 근거했으며 역대 문인들이 전고로 인용한 고사도 많아 문학사적으로도 중요하다.

급급急急(매우 급함)히 신선이라고 하는 자가 하나도 죽지 아니한 이가 없나니 장생불사長生不死(오래도록 살고 죽지 아니함)라 하는 말이 실로 어리석은 자를 속이는 거짓말이라. 옛적에 광성자廣成子의 연기年紀(사람이 세상에 난 뒤에 살아온 햇수)는 1,000여 세라 하고, 팽조彭祖[170]는 800세에 요사夭死(요절)하였다고 했으며, 동방삭東方朔은 삼천갑자三千甲子(육십갑자의 삼천 배, 곧 18만 년을 이름)를 살았다 하고, 안기생安期生,[171] 적송자赤松子[172]를 좇아가던 장자방張子房[173]은 《한서漢書》[174]에서 말하기를 유후留侯[175] 장량張良이 죽었다 하였고, 상산사호商山四皓 네 신선의 이름은 동

---

170. 중국 전설 속의 인물로, 그가 실제로 800년을 살았다고 하는 것은 고증할 수 없으나, 중국 다수의 역사서에 팽조에 대한 언급이 있다. 《사기초세가史記楚世家》에는 그가 오제五帝 중 한명인 전욱顓頊의 손자라고 기록되어 있으며, 《화양국지華陽國志》에는 사천성四川省 미산眉山시 팽산진彭山鎭이 그의 고향이라 기재되어 있다.
171. 산동성山東省 부향阜鄕 사람으로 알려졌으며, 바닷가에서 약藥을 팔았는데, 그 약을 사서 먹은 사람은 매우 영험이 있어 당시 그 일대 사람들에게 몹시 숭배 받았다. 세간에 그의 나이가 천세가 넘었다고 소문이 났다 해서 존칭으로 '천세옹千歲翁'으로 불렸다. 진시황이나 한무제가 몹시 만나기를 갈구하던 신선이다.
172. 중국 고대의 전설상의 신선으로 신농씨神農氏(중국 전설 속의 제왕으로 삼황三皇의 한 사람) 때에 비를 전문적으로 맡아 다스렸다는 우신雨神이다.
173. 한나라 고조 유방의 공신이었던 장량張良을 말한다. 천하통일 후 오직 장량 만이 유방으로부터 토사구팽兎死狗烹을 당하지 않았는데 그는 다음과 같이 말했다고 한다. 《사기史記》〈유후세가留侯世家〉에 나오는 구절로 '원기인간사願棄人間事, 욕종적송자유欲從赤松子遊', 즉 이를 풀이하면 '원컨대 인간사를 버리고, 적송자를 따라 노닐고자 한다'며 은퇴하였다. 이는 후세 시문詩文에서 종종 인용하는 전고典故가 되었는데, 즉 공을 이루고 몸이 물러난다는 뜻을 나타내거나 혹은 은둔하여 선도仙道를 닦겠다는 뜻을 비유한다. 과거에 한국, 중국 등에서 벼슬하던 선비들이 벼슬에서 물러나면서 많이 인용하였다.
174. 중국 후한後漢시대의 역사가 반고班固가 저술한 기전체紀傳體의 역사서.
175. 왕이 봉하여 내려 준 장량張良의 호號.

원공東園公과 하황공夏黃公과 기리계綺里季와 녹리用里선생이라. 한漢 고조를 뵈올 때에 수미鬚眉(수염과 눈썹)가 호백晧白(매우 흼)하고 의관 衣冠(남자의 웃옷과 갓이라는 뜻으로, 남자가 정식으로 갖추어 입는 옷차림을 말함)이 심위甚偉(몹시 훌륭함)라 하였으나 연세가 불과 80여 세라 하였으니 불구不久에(오래지 않아) 다 죽은지라. 어찌 장생불사라 하리오.

옛적에 장수한 사람들은 서국西國(서양)에도 많으니 아렬雅列[176]은 960세에 졸卒(죽음)하고, 마토살랍馬土撒拉[177]은 969세에 졸하고, 나아挪亞[178]는 950세에 졸하였으나 신선이란 말씀은 듣지 못하였사오니 사람이 오래 삶으로 어찌 신선이라 하며 장생불사라 하리오. 또한 천상천하에 임의로 왕래 한다 함은 더욱 거짓 말씀이라. 사람이 육신을 변화한 후에 천국에 들어감도 하나님의 권능이거늘 사람이 어찌 제 힘으로 혈기지신血氣之身(혈액과 기식氣息을 가진 살아 있는 몸)을 가볍게 하여 임의로 천상에 올라가리오. 산동육국山東六國[179]을 소멸하며 만리장성을 쌓아 위엄이 천하에 진동하던 진시황 같은 영웅도 동남녀童男女(남자아이와 여자아이)를 보내어 삼신산三神山 불사약

---

176. 창세기 5장에 나오는 아담의 계보 중, 야렛Jared을 가리킨다. 야렛은 마할랄렐Mahalalel의 아들이자 에녹Enoch의 아버지로, 성경에 의하면 962세에 죽은 것으로 기록되어 있다.
177. 에녹Enoch의 아들인 므두셀라Methuselah를 가리킨다. 197세에 라멕Lamech을 낳았고 969세에 죽었다.
178. 라멕Lamech의 아들 노아Noah를 가리킨다. 노아는 500세가 넘어 셈Shem, 함Ham, 야벳Japheth을 낳았으며 950세에 죽었다.
179. 중국 전국시대 산동지역을 기반으로 했던 제후국諸侯國 가운데 진秦을 제외한 여섯 나라인 초楚, 연燕, 제齊, 한韓, 위魏, 조趙나라를 가리킨다.

을 구하다가 못하여 숙초宿草(여러해살이풀) 여산驪山[180]에 무덤이 높으시며, 승로반承露盤(하늘에서 내리는 장생불사의 감로수를 받아먹기 위하여 만들었다는 쟁반)에 이슬을 먹으며 태산泰山에 봉선封禪(천자가 흙으로 단壇을 만들어 하늘에 제사 지내고, 땅을 깨끗하게 하여 산천에 제사 지내던 일)하고, 해상海上에 두루 놀아 신선을 만나고자 하던 한무제漢武帝의 세력으로도 분수추풍汾水秋風[181]에 회심悔心(잘못을 뉘우치는 마음)이 맹동萌動(어떤 생각이 일어나기 시작함)하여 가로되 '세상에 어찌 신선이 있으리오. 절조節操(굳게 지키는 지조)있게 먹고 약이나 마시면 병이 적을 따름이라' 하였으니 나는 세상에 신선이 없는 줄로 아나이다."

백운이 답왈 "신선이 없다 함은 선술을 알지 못하는 연고라. 옛적에 황제헌원씨黃帝軒轅氏[182]는 정호鼎湖[183]에서 신선이 되어 용을 타고 승천하였으며, 왕교王喬[184] 선자는 몸을 변화하여 공중에 다닐 새 아는 자가 날아가는 오리를 그물로 잡아보니 그 오리가 도로 왕

---

180. 여산驪山은 중국 장안의 북동쪽, 현재의 섬서성陝西省 임동현臨潼縣에 있는 산이다. 본문은 '여러 가지 풀들이 무성하게 된 여산'을 의미한다.
181. 분수汾水는 중국 산서성山墅省 북부에서 시작하여 태원太原을 거쳐 하진河津 부근에서 황하黃河에 합류하는 강을 말하며, 본문은 이 강에 부는 가을 바람을 의미한다.
182. 중국의 전설상의 제왕으로 성은 공손公孫, 이름이 헌원軒轅이다. 복희씨伏羲氏, 신농씨神農氏와 함께 삼황三皇 또는 오제五帝로 불리는데, 처음으로 곡물 재배를 가르치고 문자·음악·도량형 등을 정하였다고 하며 최근까지 중국의 시조로 숭배되었다.
183. 중국 광동성廣東省 4대 명산 가운데 하나인 정호산鼎湖山 꼭대기에 위치한 호수.
184. 중국 후한後漢 현종顯宗 때 하동河東 사람으로 전해지는 전설상의 신선.

교의 신이 되었다 하였고, 열어구列禦寇[185]는 바람을 타고 다니다가 15일만에 돌아왔다 하고, 호공壺公[186]이란 신선은 저자(시장) 거리에서 장사하다가 밤이 되면 병 속에 들어가 잠을 잔다 하고, 갈홍葛洪[187]이란 신선은 막대로 용을 만들어 타고 다닌다 하였으니 신선이 공중으로 왕래함이 어찌 없다 하며, 석실산石室山[188] 초부樵夫(나무꾼)는 신선의 바둑 둠을 구경하다가 도끼 자루 썩는 것을 깨닫지 못하고 집에 돌아와 5대 손자를 보았다 하였으며, 동방삭東方朔은 서왕모西王母 집에 있는 3,000년에 한 번씩 결실하는 복소아(복숭아)를 세 번이나 도적질하여 먹었다 하였으니 신선이 어찌 장생불사 하는 이가 없다 하리오. 다만 신선이 되지 못함으로 선술의 오묘한 법이 없다 함이니이다."

신천옹이 가로되 "청컨대 선생은 소제의 말을 다시 들으소서. 《열선전列仙傳》에 가로되 '황제씨黃帝氏가 정호鼎湖에서 기룡승천騎

---

185. 중국 전국시대 도가道家의 사상가로서 전설의 인물인 열자列子를 가리킨다. 어구禦寇는 그의 이름이며, BC 400년경 정鄭나라에 살았다고 전하나, 《장자莊子》〈소요유편逍遙遊篇〉에서 '열자는 바람을 타고 하늘을 날았다'고 한 것으로 미루어 보아 '장자'가 허구로 가정한 인물로 추정된다.
186. 하늘에서 지상으로 유배된 선인仙人으로, 노인의 모습으로 시장에서 영약을 팔았다고 한다. 집 처마에 작은 병을 매달아 놓고 저녁이 되면 이 병 속으로 사라지므로 이상하게 생각한 시장 관리인 비장방費長房이 선술仙術을 빌려 그 안에 들어가 보니, 그 속에는 금각옥루金閣玉樓(금과 옥으로 장식한 화려한 누각)가 있었으며, 그 속에서 산해진미의 대접을 받았다고 한다. 별천지, 혹은 별세계를 의미하는 호중지천壺中之天은 여기에서 유래한 고사성어이다.
187. 중국 동진東晉시대 사람으로 자는 치천稚川, 호는 포박자抱朴子이다. 영리를 탐하지 않았으며 유교 윤리와 도교의 비술祕術을 결합하려고 애썼다. 평생 신선도神仙道를 수행하였고, 저서에 《포박자》, 《신선전神仙傳》 등이 있다.
188. 중국 절강성浙江省 구주衢州에 있는 난가산爛柯山의 다른 이름.

龍昇天(용을 타고 하늘에 오름) 할 때에 여러 신하들이 황제를 좇고자 하여 용의 수염을 잡고 함께 가고자 하더니 공중에 이르러 용의 수염이 일시에 빠지며 신하들이 분분히 땅에 떨어졌다' 하였으니, 이로 좇아 보건대 한 사람도 따라간 이가 없을 뿐 아니라 황제가 기룡승천 했다는 말도 허탄한 일이라. 이 세상에 용이 없거늘 용을 타고 갔다 하니 어찌 어리석은 말씀이 아니리오. 동양 사람의 말은 용이 있어 풍운조화風雲造化(바람이나 구름의 예측하기 어려운 변화)를 임의로 행하며 수한水旱(장마와 가뭄)의 재앙이 용에게 있다 하여 가뭄을 당하면 강변에 나아가 용왕신에게 제사하며 용 중에 사룡蛇龍(이무기가 변하여 된다는 용)과 어룡魚龍(물고기와 용, 물속에 사는 동물을 통틀어 말함)이 있어 여의주를 얻으면 운행우시雲行雨施(구름을 잘 움직여 비를 내리게 한다는 뜻)를 능히 행한다 하니 참 어리석은 말이라. 뱀과 물고기가 어찌 이러한 조화가 있으리오. 과연 그 말과 같을진대 용의 재주가 사람 보다 뛰어나니 어찌하여 천지지간 만물 중에 용을 제일 귀하다 아니 하였느뇨. 동양 사람이 항상 허탄한 말씀을 믿는 고로 옛적 인도국 사람의 학문을 볼진대 이 세상에 당초에 뱀의 조화로 생겼다 하여 뱀을 제일 무서운 물건으로 알아 절하고 섬기며, 세상의 생긴 그림을 보건대 처음에는 코끼리를 그리고 그 아래에는 남생이(거북)를 그리며 그 아래는 뱀을 그렸으니 세상 만물이 다 뱀의 조화로 생겼다 함이라. 천지간에 기운이 상승·하강할 때에 한열寒熱(찬 기운과 더운 기운)이 서로 엉겨 구름이 되고, 구름 속에 음습陰濕(그늘지고 축축함)한 기운이 비가 되어 떨어지는 고로 여름에는 비가 많고 겨울에는 비가 화하여 눈이 됨이라. 어찌 무지한 뱀 같은 물건이 능히 비를 내리게 하리오. 그런즉 황제가 용을 타고 승천한다 함은 거짓말이요. 또한 왕교와 열자와 호공과 갈홍과 동방삭이가 다 장생불사할진대 지금도 세상에 있을 것이오. 신선은 육신까지 죽지 아니한다 하오니 반드시 눈에 보일지라. 선생은 그 신선들을 몇 번이나 만나보셨습니까?"

백운 왈 "저는 아직 도성덕립道成德立(도를 닦아 덕을 세움)이 되지 못함으로 만나 보지는 못하였나이다."

신천옹이 가로되 "당나라 시편詩篇(시를 모아 묶은 책)에 왈 '이백李白[189]이 기경비상천騎鯨飛上天(고래를 타고 하늘로 올라감)이라' 하셨으니, 이것은 이태백이 술이 취하여 채석강采石江[190]에서 물속의 달빛을 사랑하여 손으로 잡고자 하다가 물에 빠져 죽었거늘 후세에 시인들이 공연히 말을 지어 이백은 천상선관으로 인간에 적하謫下(귀양으로 내려옴)하였다가 다시 고래를 타고 날아 하늘로 올라갔다 함이요, 옥국선자玉局仙子[191] 소동파蘇東坡는 적벽강赤壁江[192]에 노닐 적

---

189. 이백(701-762): 중국 당나라 시기의 시인으로 자는 태백太白, 호는 청련거사靑蓮居士라고 불린다. 두보杜甫와 함께 '이두李杜'로 병칭되는 중국 최대의 시인이며, 시선詩仙이라 불린다. 1,100여 편의 작품이 현존한다. 하지만 그의 생애는 분명하지 못한 점이 많아 생년을 비롯하여 상당한 부분을 추정에 의존하고 있다.
190. 중국 안휘성安徽省에 있는 강.
191. 옥국玉局은 지금의 사천성四川省 성도成都를 말하며, 소동파는 만년에 제거옥국관提擧玉局觀이라는 명예직에 봉해져 상경하던 도중, 큰 병을 얻어 상주常州에서 66세를 일기로 병사했다.
192. 중국 황주黃州, 지금의 호북성湖北省에 있는 강.

에 표연히 우화등선羽化登仙(사람의 몸에 날개가 돋아 하늘로 올라가 신선이 됨)이라 하였으나 마침내 죽었으니 자고로 육신이 변화하여 신선이 된 이가 어찌 있으리오. 고시古詩에 가로되 '무사시신선無事是神仙(아무런 일이 없으니 이가 바로 신선이라는 뜻)이라' 하고 또 가로되 '2월 농부, 8월 선仙이라'[193] 하였으니 일 없이 한가한 사람을 지목하여 신선이라 함이요. 동국역사東國歷史[194]에 가로되 '환인桓因의 아들 단군檀君이 일천 여 년을 조선(고조선) 왕으로 있다가 아사달산阿斯達山[195]에 들어가 신선이 되었다' 하고, 신라국 명유名儒(이름난 선비) 최고운崔孤雲[196]은 지리산에 종적을 감춰 신선이 되었다 하였으나 이 말씀은 다 유전流轉(이리저리 떠돎)하는 야인지설野人之說(교양이 없는 사람들의 말)이라. 신선이 만약 장생불사 할진대 지금 이 세상에 왕래할지라. 어찌 한 사람도 다시 만나 본 이가 없느뇨. 도무지 허탄한 말이라.

선도를 존숭尊崇하는 자는 항상 노백양老伯陽(노자老子)으로 스승을 삼나니 그가 저술한 《도덕경道德經》에 가로되 '하늘의 도는 다투지

---

193. 농부가 2월에는 일 때문에 바쁘지만, 8월이 되면 농한기여서 신선처럼 편히 쉰다는 뜻이다. 우리나라에서는 보통 '6월 농부, 8월 신선'의 형태로 쓴다.
194. 1899년(광무 3년) 학부學部에서 펴냈던 중학교 교과서 《대한역대사략大韓歷代史略》을 기본으로 하여 현채玄采가 엮은 국한문 혼용의 편년체 역사책이다. 먼저 단군조선, 기자조선箕子朝鮮, 위만조선기위滿朝鮮記 등 고대사를 서술하고, 1권에 신라, 고구려, 백제의 3국시대사, 2권에 통일신라시대사, 3-5권에 고려사, 6-8권에 조선시대사를 실었다.
195. 단군이 고조선을 개국할 때의 도읍으로 평양 부근의 백악산白岳山 또는 황해도 구월산九月山이라고 함.
196. 신라 말기의 문장가이자 학자였던 최치원崔致遠(857- ?)을 말한다. 고운孤雲은 그의 자이다. 우리말 고문古文으로 된 천부경天符經 한문 번역본과 난랑비서문鸞郞碑序文 등을 남겼다.

아니하여도 이기기를 잘하시고 말씀하지 아니하여도 응하기를 잘하시며 부르지 아니하여도 스스로 온다'[197] 하였으며, 또 가로되 '천도는 친함이 없어 항상 선한 사람을 친하다'[198] 하였으니 이로 좇아 보건대 노자 성인으로도 현묘한 이치를 말씀하면 항상 하나님의 도를 칭도稱道(칭찬하여 말함)한지라. 동·서양 세계의 종교를 말할진대 호호탕탕浩浩蕩蕩(끝없이 넓고 힘찬 기세)하시고 혁혁광명赫赫光明(공로나 업적 등이 뚜렷하여 밝고 환하게 빛남)하시며 광대무제廣大無際(크고 넓고 멀어서 끝이 없음)하신 하나님의 도가 제일 큰지라. 하나님의 전능하신 신성과 사람이 사람된 이치와 영혼의 영혼된 원소原素(근원)를 알지 못하면 어찌 족히 더불어 도학道學을 말씀하리오."

백운이 청파聽罷에 양구良久(꽤 오래)히 앉았다가 물어 가로되 "나도 만물 중에 사람이 귀한 줄을 알거니와 어떻게 된 이치는 알지 못하오니 한 번 듣기를 원하나이다."

신천옹이 가로되 "태초 시時에 하나님께서 흙으로 사람을 만드시고, 기운을 불어 코로 들여 보내사 생명의 사람이 되게 하였으니 이름은 아담이라. 천하 만국에 만민들이 다 아담의 자손이 되지 않은 자가 없으며 사람의 사람된 자격을 의론議論하건대 형체와 혼이 합하여 사람을 이룬지라. 육체는 뼈와 살이 연합하여 영리한 기계 하

---

197. 《도덕경道德經》 73장에 나오는 '천지도天之道, 부쟁이선승不爭而善勝, 불언이선응不言而善應, 불소이자래不召而自來.'의 인용문이다.
198. 《도덕경》 79장에 나오는 '천도무친天道無親 상여선인常與善人'의 구절을 말한다. 이를 풀이하면 '천도는 친함이 없어 항상 선인에 편든다'는 뜻으로, 천도는 사람을 선별적으로 편애하는 것이 아니라 사사로움이 없어 항상 선한 사람과 같은 편이 된다는 의미이다.

나가 되었으니 발 하나에도 골절이 많으며, 무릎뼈는 능히 전후로 동動하며, 웅치뼈(엉덩이 뼈)는 능히 전후 좌우로 동動하는 것은 사람이 행동하기에 쉽게 함이요, 손에는 다섯 손가락이 있고 손가락마다 세 마디가 있는 것은 무슨 물건이든지 잡고 가지기에 편리하게 함이요, 팔에는 두 뼈가 있어 하나는 아래로 손목에 연접連接(서로 맞닿음)하고 하나는 위로 팔꿈치에 연접한 것은 운동하기에 쉽게 함이요, 어깨뼈는 상하와 좌우로 동하여 다 거리낌이 없게 하고, 목의 뼈는 두 마디가 있어 하나는 능히 들고 구부리며 하나는 능히 좌우로 돌아다니게 하였으며, 등대뼈(등골뼈)는 24개가 사실 같이 연접하고 뼈마다 힘줄로 싸서 굴신屈伸(팔, 다리 따위를 굽혔다 폈다 함)하게 하였으며, 다른 뼈는 마디마다 골이 있으되 오직 등대뼈는 구멍이 있어 골수로 꾀여 위로 뇌수에 통하게 하고 정기精氣(생명을 생성하는 원천이 되는 원기)를 얻어 사지백체四肢百體(온몸)로 통하게 하나니 대개 뼈가 동動하기를 여상如常(한결 같음)히 하는 것은 힘줄이 있어 얽어 맺기 때문이라. 힘줄이 뼈에 얽혀서 능히 굴屈하게도 하고 능히 직直하게도 하며 능히 사방으로 전동傳動(힘을 전달함)하게도 하는 것이요, 또한 맥줄(맥이 벋어 있는 줄기)이 있어 염통(심장心臟)으로 좇아 근원을 발하여 실낱같이 온 몸에 퍼지기를, 밭에 고랑을 지어 놓고 물을 대어 곡식을 자양滋養(몸의 영양을 좋게 함)하게 함과 일반이라.

　대개 염통이 홀로 중앙에 있어 혈맥血脈(몸에서 피가 도는 줄기)의 명령을 받아 운동하고 통행하여 삽시간霎時間(매우 짧은 시간)이라도 쉬지 아니하고, 허파는 오그리며 펴고 호흡하기를 풀무체(불을 피울 때

바람을 일으키는 도구)와 같이하며, 그 형질形質(사물의 생긴 모양과 성질)은 심히 작고 연하여 솜과 같으며 진액津液(생물의 몸 안에서 생명 현상으로 생기거나 흐르는 액체)의 피가 지나갈 때에 찌꺼기는 버리고 정액精液(순수한 진액으로 된 액체)만 두어 삼키고 토하는 가운데 양기養氣(심신의 기력이나 원기를 기름)를 얻어 전체를 영화롭게 하고, 입은 음식함을 맡았는데 앞니는 칼과 같이 썰고, 어금니는 맷돌같이 갈며 목구멍은 삼키고, 장위腸胃는 음식을 받아 삭혀 진액을 허파로 보내는 것이요, 두 귀는 가운데 얇은 껍질이 있어 북을 맨 것 같이 되고 두 궁글(속이 비어 있는 부분) 각각 분分하여(나누어) 바람이 통하게 한 고로 물건이 부딪치면 울려 소리가 나와 들리게 되었고, 눈은 보는 것을 맡아 멀리 비추이는 거울과 같으니 대소大小(크고 작음) 물건을 다 보게 하며, 눈가가 견고하고 높은 것은 강경한 물건을 방비함이요, 눈가에 털이 있는 것은 티끌과 모래를 막게 하며 눈 위에 쌍눈썹이 있는 것은 이마의 땀을 막으며 눈물이 있어 번번히 눈알을 씻어 내게 하는 것이요, 코는 기운의 출입을 맡았으니 뇌수腦髓(뇌)에서 흐르는 추한 것과 눈에서 엉기는 습濕(습기)을 내보내는 개천이 되게 하고, 혀는 두 가지 일을 맡았으니 첫째는 '산함신감고酸鹹辛甘苦(신맛, 짠맛, 매운맛, 단맛, 쓴맛)' 다섯 가지 맛을 분별하되 금을 연단煉丹(일종의 연금술)하는 화로火爐가 금을 녹여 진가를 얻는 것 같이 하며, 둘째는 '궁상각치우宮商角徵羽(동양 음악의 오음을 각각 이르는 말)' 다섯 가지 소리를 내나니 목구멍과 치아 사이로 나오는 것이 마치 풍악 하는 자가 손가락을 놀려 소리를 이룸과 같은지라.

뼈는 대개 200여 마디가 있고, 살은 두 가지 모양이 있는데 건강한 피부와 연약한 장부臟腑(오장육부)[199]가 되었으며, 피가 심통(심장)의 좌방실左房室[200]로 좇아 나와 동맥관動脉管(동맥)으로 행하여 붉은 피가 전신에 통행하고 모세관毛細管(모세혈관, 실핏줄)으로 좇아 정맥관靜脉管(정맥)으로 행하여 푸른 피가 심통 우방실右房室[201]로 들어갔다가 도로 폐경肺經[202]으로 들어와 산소 기운을 받아 도로 붉은 피가 된 후에 심통 좌방실로 들어가나니 이것은 육체에 있는 것이요.[203]

영혼이라 하는 것은 무형무상無形無像(형상이나 형태가 없음)한 중에 있는 허령虛靈(잡된 생각이 없이 마음이 신령함)한 사람이니 일신一身(한 몸)의 군주君主가 된지라. 그 체가 적지도 아니하고 크지도 아니하며 늙지도 아니하고 죽지도 아니하나니 천상천하에 지극히 귀한

---

199. 오장五臟은 간장, 심장, 비장, 폐장, 신장의 다섯 가지 내장을 이르며, 육부六腑는 배 속에 있는 여섯 가지 기관, 즉 위, 대장, 소장, 쓸개, 방광, 삼초를 이른다.
200. 본문에서는 좌심방左心房, 좌심실左心室을 하나로 '좌방실左房室'로 사용하고 있지만, 엄밀히 말하면 좌심방左心房은 심장 안의 왼쪽 윗부분으로 폐정맥에서 오는 피를 좌심실로 보내는 구실을 하며, 좌심실左心室은 심장 안의 왼쪽 아랫부분으로 좌심방에서 오는 피를 깨끗하게 하여 대동맥으로 보내는 구실을 한다.
201. 마찬가지로 우심방右心房, 우심실右心室을 하나로 '우방실右房室'로 사용하고 있지만, 우심방은右心房은 심장 안의 오른쪽 윗부분으로 조류나 포유류에서 볼 수 있고 상하 대정맥에서 오는 피를 우심실로 보내는 일을 하며, 우심실右心室은 심장 안의 오른쪽 아랫부분으로 우심방에서 오는 피를 깨끗이 하여 폐동맥으로 보내는 일을 한다.
202. 12정경正經(인체 경맥의 일종이며 체내의 기혈이 운행되는 주요 통로) 가운데 하나로 대장에 속하고 폐에 연락되는 경맥經脈.
203. 참고로 체순환과 폐순환의 구조는 다음과 같다. 체순환 : 좌심실 → 대동맥 → 온몸의 모세혈관 → 대정맥 → 우심방 / 폐순환 : 우심실 → 폐동맥 → 폐의 모세혈관 → 폐동맥 → 좌심방.

것이요, 억 천만세에 불로불사不老不死(늙지도 않고 죽지도 않음)하니 하나님께서 사람에게 붙여주사 육신의 주인이 되게 하신지라. 영혼과 육신의 서로 의지함이 비유컨대 한풀(기운, 기세)에로 나무 조각을 붙임과 같으니 세구연심歲久年深(세월이 매우 오래됨)하여 물질이 늙어 죽을 때에 각각 떨어져 육신은 땅에 들어가 썩는 것이요, 영혼은 하나님이 보내시는 대로 돌아갈지라. 그 원소原素(근본이 되는 성질)를 의론議論하건대 의견意見과 감성感性과 주의主意가 합하여 한 영혼의 위位를 이루었으니, 의견이라 함은 만물의 비슷함과 상대相對함(서로 대립이 됨)을 깨닫는 능能이라. 그 중에 양지良知(사람이 나면서부터 가지고 있는 지능)와 능지能知(사람의 마음 속에 있는 신령스러운 앎)와 이치경위理致經緯(사물의 정당한 조리條理와 일이 진행되어 온 과정)와 본원지지本原之知(사물의 주장이 되는 근원적인 앎)가 있고, 양지 중에 자각自覺과 본능本能과 오관각五官覺(눈, 코, 귀, 혀, 피부의 다섯 가지 감각을 말함)이 있으며, 능지 중에 동양同樣과 염량念量(마음을 쓰는 폭이나 도량)과 총명聰明과 의량意量(생각과 도량, 재간을 이르는 말)이 있고, 동양 중에 비사比似(비유)와 상대相對와 연속連續과 혹사酷思(혹독할 정도로 생각함)와 연습練習이 있고, 염량 중에 기억記憶과 격발激發(감정이 격렬히 일어남)이 있으며, 총명 중에 차서次序(차례)와 저간這間(과거로부터 현재까지의 동안)이 있고, 의량 중에 동양법同樣法과 채구법採究法(캐내어 찾아 연구함)과 침작법斟酌法(어림잡아 헤아림)과 격치학格致學(사물의 이치를 구명하는 학문, 오늘날의 물리학에 해당)과 산학算學(산술에 관한 학문)과 제조학製造學(물건을 만드는 것과 관련된 학문)과 이학理學(자연과학의 총칭)과 도화학圖畫學

(그림과 관련된 학문)과 수신학修身學(몸과 마음을 바르게 닦아 수양하는 학문)이 있으며, 이치경위理致經緯 중에 이회理會(사리를 마음속으로 깨달아서 알아차림)와 재단력裁斷力(옳고 그름과 착함과 악함을 나누는 힘)과 침작법斟酌法이 있고, 재단력 중에 총합법總合法(전부를 합함)과 궁리법窮理法(사물의 이치를 깊이 연구함)이 있으며, 침작법 중에 연역법演繹法(일반 원리를 전제로 하여 개별적인 특수한 사실을 결론으로 이끌어 내는 추론 방법)과 귀납법歸納法(개별적인 특수한 사실이나 원리로부터 일반적인 사실로의 결론을 이끌어 내는 연구 방법)이 있고, 본원지지本原之知 중에 존재存在와 원인原因과 피차彼此가 있으며, 존재 중에 물체物體와 영체靈體가 있으니 이것은 의견에 속한 것이오. 감각이라 함은 고락苦樂(괴로움과 즐거움)을 촉동觸動(어떤 자극을 받아서 움직임)하여 깨닫는 능能이라. 그 중에 기욕嗜欲(좋아하고 즐기려는 욕심)과 정조情操(정신의 활동에 따라 일어나는 복잡하고 고상한 감정)가 있고, 기욕 중에 기욕식飢欲食(굶주려 먹고자 함)과 갈욕음渴欲飲(갈증으로 마시고자 함)과 원호흡願呼吸(숨을 쉬기 원함)과 노욕안勞欲安(힘들면 편히 쉬고자 함)과 정욕동靜欲動(고요하면 움직이고자 함)과 남녀정욕男女情慾(이성의 육체에 대하여 느끼는 성적 욕망)이 있고, 정조 중에 격동激動(감정 따위가 몹시 흥분하여 충동을 느낌)과 발원發願(신에게 소원을 빎)과 애오지정愛惡之情(사랑과 미움의 정)이 있으며, 격동 중에 희락喜樂(기쁨과 즐거움)과 비애悲哀(슬퍼하고 서러워함)와 교오驕傲(교만하고 건방짐)와 온유溫柔(성격이 온화하고 부드러움)와 희망希望과 경공驚恐(놀라고 겁내는 일)과 기이奇異(기묘하고 이상함)와 동고동락同苦同樂(괴로움도 즐거움도 함께 함)과 수신격동修身激動(몸과 마음을 닦아 수양하고자 하는 마음)

과 예배격동禮拜激動(초월적 존재에 대해 예배하고자 하는 마음)이 있고, 수신격동 중에 회학戲謔(실없는 말로 하는 농지거리)과 오묘각奧妙覺(심오하고 미묘한 감각)과 고대각高大覺(높고 큰 감각)이 있으며, 예배격동 중에 의뢰依賴(남에게 의지함)와 공경恭敬(공손히 섬김)이 있고, 발원 중에 원願(소원)을 각覺함과 운동運動과 원願을 수遂함(따름)이 있고, 애오지정 중에는 광박廣博(학문이나 식견이 넓음)과 군당群黨함(무리 지음)과 가권家眷(집안 식구, 한 집안의 권속)이 있으며, 인애仁愛(어진 마음으로 사랑함)와 오증惡憎(미워함)과 분노忿怒와 보수報讎(앙갚음)와 시기猜忌와 감사憾謝와 의아疑訝(의심스럽고 이상함)와 동고동락同苦同樂이 있으니 이것은 다 감각에 속한 것이요. 주의主意라 함은 자기 몸을 치리治理(통치) 하는 능能이라. 그 중에 자연自然과 임의任意가 있고, 자연 중에 운동運動과 본능本能과 관습慣習이 있으며, 운동 중에 응답應答과 자성自成(자기 스스로 이룸)과 자발自發(자기 스스로 나아가 행함)이 있고, 본능 중에 불유고不由故(까닭이나 연고가 없음)와 숙명宿命(날 때부터 타고난 운명)과 일양一樣(한결같은 모양)이 있으며, 관습 중에 순속循俗(풍속이나 습속을 따름)과 무변통無變通(형편에 따라 일을 융통성 있게 처리하지 못함)이 있고, 임의 중에는 청청함과 요량料量(앞일을 잘 헤아려 생각함)과 집의執意(자기 의견을 굳게 가짐)가 있으며, 요량 중에 측문側問(옆에서 물음)과 연유緣由(까닭)와 특별 동기가 있으며, 집의 중에 측문側問과 허락許諾과 소원 성취와 자유와 연유가 있으니 이것은 주의에 속한 것이라.

영혼에 속한 재조才操(잘할 수 있는 타고난 능력, 재주)를 의론하건대 두 가지 분별이 있으니 영재靈才와 심재心才요, 대체大體(대강의 요점)

를 총론總論하면 다섯 가지 조목이 있으니 각覺과 오悟와 억憶과 사思와 상像이라.

첫째, 각覺이라 함은 몸밖에 있는 것을 깨닫는 것이라. 사람이 밖에 물건을 통할 때에 오관五官(다섯 가지 감각 기관인 눈, 귀, 코, 혀, 피부를 말함)이 있어 그 다섯 구멍으로 통하는 것이로되 그 능히 통하여 아는 자는 오관만 가지고 아는 것이 아니요, 다만 각이 있음으로 인하여 아는지라. 이러므로 오관을 족히 해석함이 필요할지라. 우리 예전 학문에 이르되 이목구비심耳目口鼻心(귀, 눈, 입, 코, 마음)으로 오관이라고 하는데, 깊이 생각하건대 심心(마음)을 오관 반열에 두는 것이 타당하지 아니한지라. 대개 오관의 직책으로 오관과 심이 분별되나니 오관의 직책이라 하는 것은 전전혀專혀(오로지) 외물外物(바깥 세계의 사물)을 통해 가지고 그 어떠한 것을 통기通氣함이요. 심이라 하는 것은 사람의 몸 안에 있어 오관을 인하여 밖을 통하나니 귀는 듣는 것을 맡으매 심으로 인하여 물건의 소리를 알고, 눈은 보는 것을 맡으매 심으로 인하여 물건의 빛을 알고, 입은 맛봄을 맡으매 심으로 인하여 물건의 맛을 알고, 코는 냄새를 맡으매 심으로 인하여 물건의 향취香臭(향기로운 냄새)와 악취惡臭(나쁜 냄새)를 아나니, 그런고로 심이 없은즉 오관이 그 직책을 행할 수 없는 것은 들어도 들리지 아니하고 먹어도 맛을 알지 못하며 절인 생선전生鮮廛(생선을 파는 가게)에 들어가도 그 냄새를 모를지라. 이로 말미암아 말할진대 보고 듣고 맛보고 냄새 맡는 것은 다 심의 주장 하는 바 일이요, 오관이 다 심이 통할統轄(모두 거느려 다스림)하는데 돌아가지 않음이 없는지라.

비유하건대 심이 마치 한 임금과 같아서 심궁深宮(깊은 대궐 안)에 있으매 오관은 각부 대신과 같아서 임금이 그 대신들을 인하여 밖의 일을 아는 것과 같은즉 심이 오관으로 더불어 군신의 분별이 있음과 같으니 어찌 오관으로 더불어 동렬同列(같은 위치)이 되리오. 대저 심을 임금의 위位(지위)로 받은즉 오관 중에 한 위가 비었으니 누가 그 직임을 맡으며 그 버려둔 직책을 무엇이 행하리요. 소리와 빛과 냄새와 맛은 이목구비가 맡았거니 만일 물건의 연하고 단단하며 차고 더운 것을 알고자 하면 그 누가 맡겠느뇨? 어찌 그 물건이 기부肌膚(사람이나 동물의 몸을 싸고 있는 살이나 살가죽)에 부딪치매 만져서 앎이 아니뇨. 그런즉 살이 만지는 것을 맡을만한 관이 됨을 가히 알지니, 만일 심을 살로 바꾼즉 이목구비부耳目口鼻膚(귀, 눈, 입, 코, 피부)가 되어 오관의 직분이 이로써 바를지라. 옛사람이 오관을 의론하매 심을 말하고 부膚를 말하지 아니하였으니, 이것이 오행을 의론하매 목木을 말하고 풍風을 말하지 아니함과 같아 한 가지로 그릇됨이라. 대저 물건마다 소리와 빛이 있으매 사람이 귀와 눈이 있어 이로써 알고, 물건이 냄새와 맛이 있으매 사람이 코와 입이 있어 이로써 알고, 물건이 연하고 단단하며 차고 더운 것이 있으매 사람이 살이 있어 이로써 알아 오관의 직책이 백물百物(여러 가지 물건)의 성품으로 더불어 서로 배합한 것은 하나님께서 사람과 물건을 조성하여 그 오묘하신 경영대로 각각 그 소용에 맞게 하심일지라.

둘째, 오悟라 함은 몸 안의 일을 아는 것이니, 사람이 오悟함이 있음으로 능히 내가 나 됨을 알고 또 나의 하는 바 일을 아나니 그런고로 심재心才와 영재靈才를 다 오悟로써 거느린 바가 되었느니라. 대개 영재의 각覺이 있어 차고 더운 것을 깨달으며 오함이 또 있어 곧 깨닫는 자가 나인 줄 알며, 심재의 사랑함이 있어 착한 것을 사랑하면 또 오함이 있어 곧 사랑하는 자가 나인 줄 알고, 또 외물은 눈으로 볼 수 있고 안(속) 마음은 눈으로 볼 수 없거니와 오함이 있어 통하는 것이 밝은 거울에 반조返照(빛이 반사되어 되쏘임)하여 보지 못하는 자를 보는 것 같으니, 사람이 진실로 마음을 안정하게 하여 스스로 살피면 무릇 일심의 사념思念(근심하고 염려하는 등의 여러 가지 생각)과 정욕情欲(마음속에 일어나는 여러 가지 욕구)을 오悟하지 못함이 없음은 마치 물이 밑까지 밝은 것 같으나 그러나 영혼의 사념과 정욕은 나의 깨닫는 바로되 신체의 뼈와 힘줄은 내가 가히 깨닫지 못하는 바이니 이는 영혼이 나요, 육신이 내가 아니라 육신은 불과시不過是(기껏하여) 내가 사용하는 물건인 줄을 알리로다. 그런고로 신체는 반드시 영혼이 그 가운데 있어야 사람이 되나니 영혼이 만일 몸을 떠나면 몸은 곧 죽되 영혼은 영원히 있는 것이라. 또 오함이 있어 능히 내가 자연히 있는 것이 아니요, 반드시 자연히(스스로) 계신 자가 만든 바인 줄을 아나니 이에 서양시西洋詩에 가로되 '내가 있은즉 하나님이 반드시 계시니 나는 사람이요, 하나님은 조물의 신이라' 하였으니, 이는 내가 나의 있는 것을 깨달으매 주가 반드시 계신 줄을 앎이니 그 법이 가장 간략簡略하고 참되도다.

셋째는 기억記憶함이니, 각覺과 오悟는 아는 것의 처음 일이로되 오관의 각覺하는 바와 마음의 오悟하는 바로 하여금 항상 붙들고 잃지 않고자 하면 불가불不可不(할 수 없이) 또 한 가지 재능이 있어야 할지라. 이에 영재 속에 억憶이 있으되 억함이 있은 후에 사려思慮하는 공功이 가히 시작하여 행하는 고로 억憶과 사思들이 다 있어 서로 도와주어야 그 공을 온전히 이룸이요, 설령 억만 하고 사하지 아니하면 비유하건대 먹기를 너무 많이 하여 쌓여 소화되지 못함과 같고, 사만 하고 억하지 아니하면 비유하건대 먹은 것이 속히 소화가 되어 그 정기를 얻지 못함과 같은지라. 이뿐만 아니라, 또 억의 필요함을 가까이 본즉 억이란 재능이 사람의 지식에만 유익할 뿐 아니라 또 사람이 복 누리기에 가장 요긴하니 대개 능히 지나가 경력經歷(여러 가지 일을 겪어 지내 옴)한 일을 기억한즉 전에 본바 아름다운 경치와 들은바 아담雅淡한 소리가 마음에 얽혀 있으며, 또 죽은 친구가 완연宛然(눈에 보이는 것처럼 아주 뚜렷함)히 생시生時(살아 있는 동안)와 같아 전에 하던 말씀과 지나간 행실 가운데 족히 본받을만한 바를 간절히 기록하여 잊어버리지 아니하고, 이로 인하여 내가 과연 능히 어질지 않은 자를 사귀지 아니하고 착하지 않은 일을 행하지 아니한즉 회억回憶(돌이켜 추억함)하는 효력으로 후일에 낙樂(즐거움)이 반드시 더할 것이요, 지나간 때가 감함이 없으리니 이는 하나님께서 사람으로 하여금 널리 보고 널리 들어서 그 지혜를 이루고자 하사 특별히 기록하는 성품을 품부稟賦하셨으니 다복多福함을 갖추어 주심이라.

넷째, 사思라 하는 것은 각覺하고 사思하는 일을 취하여 그 정精한 것을 얻음이니 비유하건대 소가 풀을 먹으매 도로 씹어 그 진액을 얼음과 같고, 공장이(수공업에 종사하는 사람)가 그릇을 만들 때 마탁磨琢(갈고 닦음)하여야 그 업業을 정밀하게 함과 같은지라. 또 사思의 재능으로 혹 다르거나 같은 것을 분별하여 류類(무리)를 추측하며, 끝으로부터 근본을 미루어 일의 그러한 바를 알고, 혹 근본을 좇아 끝을 구하여 일의 당연한 바를 알며, 혹 하나를 들어 열을 알고, 혹 옛것을 배워 새것을 아나니 이에 사의 재능이 소용이 크도다. 사람과 물건을 이로 말미암아 분별하니 지혜 있는 것과 미련한 것을 이로 말미암아 볼 것이요, 사로 인하여 사람과 금수가 분별이 되는지라. 비록 금수의 쓰는 오관이 가장 정밀하여 왕왕往往히 사람이 능히 미치지 못하나, 그러나 사는 다만 사람에게만 있어 사람이 홀로 능히 하고 금수는 능히 못하나니 대개 금수는 처음부터 그 종말을 알지 못하고 종말을 보아 그 처음을 미루지 못할지라. 설령 원숭이란 짐승이 비록 약간 사람의 형상과 같고 성품이 불을 좋아하나 불 피울 줄도 모르고 불 피울 것을 만나도 나무를 갖다 놓아 불을 죽지 않게 할 줄 알지 못하며, 앵무새는 비록 능히 사람의 말을 배우나 다만 그 소리만 익히고 능히 그 뜻을 살피지 못하는 것은 다름아니라 능히 생각하지 못함이로되 사람인즉 생각함으로써 가까운 데에서 시작하여 먼 데까지 이르매 금생今生(지금 이 세상)을 들어 가히 내생來生(죽은 뒤의 세계)을 알며, 생각함으로써 얕은 데에서 시작하여 깊은 데를 들어가매 이미 본 것으로 인하여 보지 못한 것을 알고, 무릇 이목耳目이 미치지 못하는 바도 생각한즉 능히 통함이 있나니 이로써 하나님께서 사람으로 하여금 이 생각하는 재능이 있게 하심은 사람이 보지 못하는 대 주재를 생각하여 영생의 복을 스스로 예비하고자 하심이니 사람이 그 생각을 삼가 할지니라.

다섯째, 상像이란 말은 공허한 것을 의지하고 형상을 생각하여 엄연히 실상 그 일과 그 물건이 있는 것 같이 하느니라. 이에 상像이란 자는 각覺과 오悟에게 크게 도움이 되나니 대개 각함은 물건의 형상으로 알되 상함은 그 물건이 없어도 그 모양을 그리고 보일 수 있으며, 사思함으로써 그 일의 정밀함을 알되 상함은 그 일을 지어 헛되이 그 이치를 췌탁揣度(남의 마음을 미루어 헤아림)하는 고로 상의 재조才操(재주)가 각과 사의 재조로 서로 방불彷彿(거의 비슷함)하되 특별히 허실虛實을 분간할 뿐이라. 사람이 밤에 잘 때에 생각도 없고 깨달음이 없이 꿈꾸는 수가 있나니 이는 또한 상으로부터 얻음이나 다만 꿈꿀 때에 하는 바를 깨닫지도 못하여 뜻이 없이 이루되, 상의 쓰는 법은 이와 같이 유의해야 함이니 그 헛것을 의지하여 형상을 생각하면 실상 그 사물이 있는 것 같이 하는 자, 또한 꿈과 같은, 즉 상의 재조는 귀하고 유익함이 또한 적지 아니한지라. 설령 글자도 가차假借(임시로 빌림)가 있고 뜻도 비유가 있으나 상의 재조가 아니면 글자의 가차와 뜻에 비유를 얻지 못함이니, 이에 상의 재조가 있어 문자가 더욱 그 업을 정밀하게 하며 이웃사람과 교제하는 법에 상을 씀이 요긴하니, 대개 사람의 고난을 불쌍히 여겨 사랑하는 마음으로 몸소 당한 것으로 보는 것은 상의 재조가 있어 측은한 마음이 속에서 나게 함이요. 상이란 재조는 사람의 직업에도 긴요하니 대개 지혜 있는 자가 상의 재조가 있으매 물건을 제조하여 그릇을 만 가지 모양으로 이루게 함이라. 이에 상이 있음으로써 천하가 다 그 이익을 얻느니라. 상像과 억憶이 상반하여 지나간 일을 억탁臆度(억측)하여 보면 오히려 있거니와 장래에 일인즉 바르고 형상하매 완연히 이르는 것 같으니 상의 재조를 경홀輕忽(말이나 행동이 가볍고 탐탁하지 않음)히 여기지 못할지라. 그런고로 사람의 재능이 있으매 금일 고초苦楚에 처하여도 후일 안락을 생각하나니 이는 하나님께서 특별히 상의 재능을 주사 써서 사람의 덕을 권면하고 사람의 마음을 위로하심 이러라. 궁구하건대 각覺과 오悟는 아는 것의 근본이니 대개 억憶함이 있어 근본을 잃지 아니하고 사思함이 있어 근본을 류類(무리)로 추측하며 상像함이 있어 마침내 얻는 것은 근본대로 있지 아니하여 발달하게 하니 비유하건대 누에가 실을 토함과 같으니 대개 처음에는 고치를 이루어 그 물질을 얻었고, 고치에서 실을 뽑으니 그 재료를 취함이요, 그 실을 길쌈(실을 내어 옷감을 짜는 일)하매 피륙(아직 끊지 아니한 베, 무명, 비단 따위의 천을 통틀어 이르는 말)을 이룸이요, 그 피륙을 염색하매 그 문채文彩(아름다운 광채)를 밝힘이니, 이와 같이 영재靈才의 상像함으로써 낮은 데로부터 말미암아 깊은 데까지 미치는 바라. 대저 영혼이 몸에 있어 오관이 열려 밝음을 입나니 진실로 각재覺才가 없은즉 한 덩이 물건이 어둡고 완만하여 신령치 못하고 옥 중에 가둬 있어 그윽하고 어두워 스스로 상감傷感(감상)함과 같을지라. 그러나 각覺만 있고 오悟가 없은즉 일이 이르러도 밝히지 못하여 꿈꾸는 자가 일을 행하기는 의연依然(전과 다름 없음)하나 혼미하여 깨닫지 못함과 같고, 오悟함만 있고 억憶함이 없은즉 지경地境(어떠한 처지나 형편)이 지나매 곧 잊어버림과 같고 미친 병든 자가 왼손으로 물건을 집어 오른손으로 버림과 같을 것이요. 억憶함만 있고 사思함이 없은즉 배움은 쌓았으나 변통變通(형편과 경우에 따라서 일을 융통성 있게 잘 처리함)치 못하여 앉은뱅이가 집에 재산이 쌓여 있으나 취하여 쓰지 못함과 같을 것이요. 사思함만 있고 상像함이 없은즉 문채에 궁하고, 구제에 아끼며, 제조製造에 졸拙(서툴고 옹졸함)하여 새것을 능히 발명치 못하며 옛것을 능히 변역變易(고치어 바꿈)하지 못하고 길을 좇아 바퀴를 지킬 뿐이니 이로써 영혼의 모든 재조를 갖춰 있는 것이다. 차례로 서로 의지하여 쓰고, 하나라도 없으면 가치가 없음을 알지니라."

백운이 청파聽罷에 크게 놀라 가로되 "그대는 참 가위可謂(참으로) 철학박사로다. 영혼의 영재는 이미 들었거니와 심재는 어떠하뇨?"

신천옹이 또 가로되 "심재心才를 가까이 볼진대 심재는 네 가지가 있어 사람이 의지하여 덕을 닦는 바니 그 이름인즉 하나는 욕심慾心이요, 둘은 인정人情이요, 셋째는 좋아하고 미워함[호오好惡][204]이요, 넷째는 시비是非함이니라.

첫째, 욕심이란 자는 두 가지로 있으니 하나는 식食이요, 하나는 색色이니, 이 두 가지가 다 사람에게 직분이 있느니라. 대개 기갈飢渴(배고픔과 목마름)하는 욕심으로써 생명을 유지하고 남녀의 욕심으로써 씨족이 번성하나니 이것은 사람에게만 있을 뿐 아니라 금수에게도 있느니라. 그 욕심이 마음에 생겨나고 발하면 몸으로써 행

---

204. '호오好惡'는 원문에서 원저자가 직접 명시한 것으로, [ ]안에 표기하여 ( )와 구분하였다.

하여 때없이 일어나니 욕심이 있을 때에 만일 이루지 못하면 몸이 곧 평안치 못한지라. 설령 사람이 진실로 음식이 양생養生(병에 걸리지 아니하도록 건강관리를 잘하여 오래 살기를 꾀함)함을 알기는 아나 혹 어떤 때는 일이 번다繁多(번거로울 정도로 많음)함으로 인하여 먹기를 잊어버림이 있을까 두려워하는 고로 기갈함으로 잊어버림을 한정하여 음식을 먹게 하고 또한 양식을 적당히 하여 먹기를 그치지 않게 함이니라. 사람이 진실로 배합配合(부부의 인연을 맺음)함으로 씨족을 번성케 함을 알기는 아나 그러나 해산의 어려움과 양육의 수고로움을 꺼려 폐하는 자가 있을까 두려워하는 고로 대욕소존大欲所存(큰 욕심이 아직 남아 있음)의 인도한바 되어 기약 없이 자연히 생겨났으니 이로 인하여 인류를 망하지 않게 함이니라. 하나님께서 사람을 조성하시매 이 두 가지 큰 욕심으로써 품부稟賦하신 것이 과연 깊고 오묘함이니라. 이 두 가지 욕심을 하나님의 법대로 쓰게 되면 유익을 얻을 것이로되 만일 하나님의 법을 어겨 쓰게 되면 그 손해가 가장 크도다.

둘째, 정情이란 것은 교제상에 생겨난 것이니 대개 마음이 감동한 바 되면 곧 정을 발하여 생겨날 것이로되 기회 없이 생겨날 것이 아니요, 까닭이 있어야 할 것이거늘 이에 시詩 속에 이르되 일곱 가지 정이 있어 사람을 감동한다 하나니, 이 일곱 가지 정은 첫째는 희喜요, 둘째는 노怒요, 셋째는 애哀요, 넷째는 락樂이요, 다섯째는 애愛요, 여섯째는 오惡요, 일곱째는 욕慾이니라.[205] 이 칠정七情을

---

205. 칠정은 《예기禮記》〈예운禮運〉에 나오는 일곱 가지 감정을 말하며, 선악의 가능성을 모두 지니고 있어서 늘 선한 사단과는 분명하게 구분된다.

그윽이 생각하건대 그 중 인정에 부속附屬하지 아니할 것이 몇 가지 있으며 또한 몇 가지 부속한 것이 있느니라. 대개 욕심은 제除할(버릴) 것이니 욕심은 몸으로 좇아 발하여 그 욕심을 다한즉 곧 그치고 정과 같이 얽혀 그침이 없는 것이 아니니 욕심을 정이라 하지 못할 것이요. 또 애哀와 락樂을 제할 것이니 대개 사람이 자기 마음이 좋아하는 것을 잃은즉 슬퍼할 것이요, 얻은즉 즐거워하나니 이에 애와 락은 얻고 잃는 대로 말미암아 생겨나고 사람의 마음으로 인하여 나지 아니하나니 그런고로 애와 락을 또한 정에 부치지 못할 것이요. 또 희喜와 노怒를 제할 것이니 대개 기뻐하는 것과 노하는 것은 사랑하고 미워하는 것으로 말미암아 생겨 때없이 한 가지로 발하기를 마치 그림자가 그 실상을 따름과 같아서 이에 불과시不過是(기껏해서) 사랑하고 미워하는 것에 현저現著한 끝이라. 그런고로 희와 노를 반드시 이름 지어 정의 반열에 붙일 것이 아니라. 이에 정을 말할진대 사랑함과 미워하는 것이 실상 정의 큰 끝이니 원망함과 불쌍히 여기는 것을 합한즉 정에 갖추어진 것이라. 대개 사랑함과 불쌍히 여기는 것은 착한 것을 권면 하는 바 되고 미워함과 원망하는 것은 악한 것을 버리는 바가 되느니라. 설령 사람이 욕심이 있어 자식을 낳을 줄 알고 자식이 나매 기를 줄을 알지 못하면 어찌하겠느뇨? 만일 부모가 자식을 기르는 마음이 자연히 일어나 그 본분이 된다 할진대, 아지 못거라(알 수 없구나), 대개 세상은 온갖 사람이 다 그 본분을 알지도 못할 것이요, 혹 능히 알지라도 곧 강잉強仍(억지로 함)하여 할 것 같으면 반드시 즐겨 하지 아니할지라. 부모가 그 자식을 기름은 비록 극히 수고롭고 괴로우나 또한 사랑함이 있음으로 마음에 달게 여기는 바라. 그런고로 애자愛子(자식을 사랑함)함이 부모의 마음에서 발하는 것이 마치 젖이 가슴에서 솟아남과 같은지라. 이로 말미암아 미루어 보건대 사랑함이 여러 가지 모양으로 나타나나니 대개 아버지는 자식을 사랑하되 자애로써 하며, 자식이 아버지를 사랑하되 효도로써 갚고, 형제가 서로 사랑하되 우애로써 행하며, 벗이 서로 사랑하되 우애로써 행하나니, 자애하고 의로운 것은 정情의 한 가지인 사랑하는 데서 근본 하지 않음이 없어, 상하 명분의 차례를 어지럽지 않게 하는 자는 실로 애정愛情의 발함이니 각각 그 당연함을 얻음이라. 미워하는 것의 직분은 간사奸邪(간교하고 바르지 않음)한 것을 실려 버리고 사람이 정도正道(정당한 도리)를 지키는 것을 돕는 바라. 그러나 실려 버리는 마음에는 모질함과 분노함과 구수仇讐(원수)와 투기妬忌(시기하고 질투함)함이 발꿈치를 접하여 이르나니, 이는 미워하는 것의 근본은 비록 바를지라도 그 말류末流(맨 마지막)는 간사한데 들어가기가 쉬워, 사랑하는 근원이 한결같이 정情하여 그 말류가 함께 착한 데로 돌아가는 것과 같지 않은지라. 그런고로 미워하는 정은 마땅히 힘써 그 말류를 막아야 할 것이라. 원망함은 의義의 당연한 것이 되니 대개 사람이 해롭게 하려 하거든 내가 나를 해하려 하는 사람을 원망하나 그러나 하늘이 임금을 세워서 백성의 원통함을 심판하게 한즉 사람이 천단擅斷(제 마음대로 처단함)히 그 원통함을 갚지 못할 것이거늘 하물며 참신 하나님께서 의로 상주시고 의로 벌주신 것이 스스로 공변(행동이나 일 처리가 사사롭거나 한쪽으로 치우치지 않고 공평함)됨이 있으니 생전에 임금께 호소하고, 사후에 하나님께 듣는 것이 그 원망함의 바른 것을 얻음이라. 불쌍히 여김은 사람이 그 이웃 사람의 괴로움을 인하여 불쌍히 여기고 민망히 여김이니 사랑함이 친함을 인하여 나오고 덕을 인하여 나옴과 같지 아니하니 덕이 있고 없는 것은 관계치 아니함이라. 대개 사람이 친함도 없고 덕도 없어 악한 행실과 더러운 형상으로 있을지라도 남의 괴로움만 보면 곧 불쌍한 마음이 나기를 마치 가슴 가운데 무슨 소리가 있어 나를 정하여 '가서 구하라' 함과 같으니라.

이 네 가지 정情은 이에 마음에서 근원 하여 나서 다 닫침이 있으면 때 없이 발하여 있을 것이니, 이것은 하나님께서 사람으로 하여금 세상에 처하매 특별히 이 네 가지 정을 품부하여서 교제하는 도를 따르게 하심이니라. 사람의 심재 속에 있는 네 가지 재능 중에 셋째 재능이 좋아함이요, 사람이 한 가지로 좋아하는 자 다섯 가지 연구할 것이 있으니, 첫째는 지식이요, 둘째는 교제요, 셋째는 이름이요, 넷째는 용맹이요, 다섯째는 이로움이라. 비록 사람의 뜻은 각각 다르나 이 다섯 가지 좋아하는 것은 다 자연하게 나오니 눈에 아름다운 빛을 좋아함과 귀가 아름다운 소리를 좋아함이 다 족히 사람을 권면하여 아름다운 일을 이루게 할지라. 지식으로 말할진대 사람이 지식을 좋아하지 아니하는 이가 없으니 곧 멀리 외국에 있고, 또 높기는 일월성수日月星宿(해와 달과 별을 통틀어 이르는 말) 같은 것이 비록 몸에 긴요하지 않은 것이라도 누가 그 일을 듣기를 즐기지 아니하리오. 동자童子[206] 선생께 나아가 힘을 다하여 공부하는 것은 지식을 구하고자 함이니, 만일 사람이 전적典籍(책)을 상고하며 물리를 궁구하여 기이奇異(기묘하고 이상함)하고 정밀한 기계를 지음은 지식을 좋아하는 자 아니면 능히 이같이 하겠느뇨? 이는, 옛것을 좋아하고 구하기를 민첩히 하여서 학문을 이룸은, 비록 공자라도 또한 감히 생이지지生而知之(나면서 저절로 앎)함을 자시自恃(기 자신의 능력이나 가치를 믿음)하지 아니하리라. 사람마다 교제를 좋아하여 업을 정밀하게 하고, 무리를 즐겨 하여 사귀는 도가 일어나 성을 쌓고 나라를 세워 동류同類(같은 무리)를 모으고 무리를 나누니, 수작하고 왕래하는 도가 번성하는 것이 교제함이니 그렇지 않은 자는 악한 짐승이 깊은 산에 홀로 있음과 같이 외롭고 적을 것이라. 사람은 박덕薄德(얇은 심덕)함이 많은즉 이름을 좋아하여 빛나게 하려는 생각이 있어 그 덕을 힘쓰나니 이에 사람이 흔히 명예를 좋아함으로 덕을 이루는 것은 악한 것이 이름을 패하게 함을 부끄러워하는 연고라. 사람이 게으름이 많은 중에 곧 용맹을 좋아하는 기운이 있어 분력奮力(힘을 떨쳐 일으킴)하여 앞으로 향하면 벼리(그물의 위쪽 코를 꿰어 놓은 줄) 줄을 들매 그물코가 베풀어짐과 같이 나라를 다스릴 것이요, 또한 이利를 좋아하는 사람이 있어 농사와 공장과 장사를 부지런히 하면 나라가 부할지니라.

셋째, 시비是非란 것은 이 여러 가지 일이 있으매 진실로 능히 시

---

206. 보살菩薩을 달리 이르는 말. 일반적으로 사내아이, 혹은 승려가 되려고 절에 들어가 머리를 깎고 불도를 배우면서도 아직 출가하지 않은 자를 가리킨다.

비를 침작斟酌(어림잡아 헤아림)하지 못한즉, 다 착하지 못하여 두 가지 욕심이 반드시 방종放縱하고 네 가지 정이 반드시 문란하여 그 사랑하고 미워함을 함부로 행하여 사람이 금수보다 다른 자가 드문지라. 이는 맹자가 이른바 말씀에 '서인庶人은 버리고 군자君子는 둔다'[207] 하심과 같은지라. 대개 시비의 마음이 있은즉 탐욕이 비록 중하나 감히 사람에게 빼앗아 자기를 이롭게 못하며 친족이 비록 가까우나 감히 저희를 도와 악한 것을 하지 못하며 악인은 용납하지 못할 것이로되 감히 천단擅斷(제 마음대로 처단함)히 죽이지 못하며 관장이 죄수를 판결하매 비록 불쌍히 여기나 감히 놓지 못하며 군사가 전장에 임하매 비록 두려워하나 감히 도망하지 못하며 이름과 이利와 용맹은 다 좋아하나 감히 망령되이 구하고 함부로 빼앗지 못하나니 이것은 정욕과 호오好惡(좋고 싫음)를 얻어 다스림이요, 그 다스리는 자는 이에 시비의 마음이라. 고로 인심은 나라와 같고 시비의 심心은 치국하는 법이 되나니 성경에 이른바 '사람이 신의 법이 있어 그 마음을 기록한다' 함이 곧 이 뜻이니라. 무릇 사람의 하는바, 욕심과 사랑하고 미워하는 것과 좋아함과 옳고 그른 이 네 가지를 벗어나지 아니하여 혹 음식을 구하고 즐거운 일을 위하여 하며, 혹 사랑하고 미워하는 것을 인하여 하고, 혹 이름과 용맹과 이익의 아름다운 것을 인하여 하며, 혹 그른 것을 인하여 하지 아니

---

207. 《맹자》〈이루하편離婁下篇〉에 나오는 구절로, 원문은 '인지소이이어금수자기희人之所以異於禽獸者幾希, 서민거지庶民去之, 군자존지君子存之'이다. 이를 풀이하면 '사람이 금수와 다른 것은 미미하다. 서민은 이것을 버리고 군자는 이것을 간직한다'라는 뜻이다.

하고, 혹 옳은 것을 인하여 하나니 사람이 이 사단四端[208]이 있음은 그 하는 바를 착하게 하는 바라. 설사 이 사단이 없은즉 사람이 비록 모든 영재靈才를 갖춰 있을지라도, 비유컨대 배의 돛대와 제구諸具(여러 가지 기구)가 비록 갖춰졌으나 바람이 없어 행하지 못함과 같으니 그런고로 영재가 있어서 아는 것에 이르는 것은 능히 선악을 분별하는 바요, 시비의 마음이 있어서 일을 지음은 착한 것 하기를 달게 여기고 악한 것 하기를 달게 여기지 아니하는 바며, 또 좋아함으로 착한데 나아가고 미워함으로 악한 것을 멀리하며, 두려워함으로 재앙을 멀리하고 바라는 것으로 복을 얻나니 어찌 하나님이 사람에게 성품을 품부하사 그 이치를 밝히고 착한 것을 하여 복을 누리고자 하심이 아니뇨. 그러나 그 영혼을 창조하심이 그 신체의 묘한 것은 사람이 의방依倣(남의 것을 모방하여 본받음)하여 만들되 영혼의 묘한 것이야 누가 가히 의방하여 만들겠는가? 성서에 가로되 '나의 몸을 만든 아버지가 나를 책하매 내가 또한 공부하거든 하물며 나의 영혼을 품부하신 아버지를 내 마땅히 정성으로 복종하여서 영생함을 얻지 아니하리오' 하신지라. 사람이 하나님께 자유권리를 품부하여 받은 고로 영혼이 항상 일신一身(자기 한 몸)의 군주가 되어야 사지백체四肢百體(온몸)를 기계와 하인 같이 부리나니 사람마다 두뇌에 명오明悟(사물에 대하여 밝게 깨달음)와 기함記숨('기억'을 달리

---

208. 사람의 본성에서 우러나오는 네 가지 마음씨. 《맹자》에서 유래한 것으로, 인仁에서 우러나오는 측은지심惻隱之心, 의義에서 우러나오는 수오지심羞惡之心, 예禮에서 우러나오는 사양지심辭讓之心, 지智에서 우러나오는 시비지심是非之心을 이른다.

이르는 말)과 전보사電報司가 있어 사지백체에 지극히 적은 혈락血絡 (피부에 있는 작은 동맥이나 정맥, 모세혈관을 말함)으로 전보선을 마련하였는지라. 그런고로 우리 몸에 적은 가시 하나가 찌르던지 벼룩 하나가 물지라도 전보선이 곧 뇌두腦頭(두뇌)로 보명報明(알려 밝힘)하여 알게 하면 영대靈臺에 계신 천군이 곧 답 전보를 발하여 환란을 막으라 하는 고로 위태함과 아픈 것을 피하게 하는 것이라. 그런즉 정작 사람은 일신의 주장하는 영혼이 사람이요, 사지백체는 영혼의 사역하는 하인이 분명한지라. 이 세상 일로 말할지라도 신하가 대황제폐하 앞에 입시入侍(대궐에 들어가 임금에게 뵘)할 때에 하인배가 같이 갈 수가 없거늘 하물며 지존 막대 하시고 거룩하신 하나님 앞에 갈 때에 더러운 육신을 데리고 갈 수 없으며 또한 육체는 영혼의 집이라 집이 무너져 없어질 때에 그 집주인이 반드시 다른 데로 갈 것이요, 집과 같이 망하지 아니 하리니 그런고로 육신은 죽은 후에 땅속으로 들어갈 것이요, 영혼은 형상이 없는 중에 있는 참 사람인고로 영영히 죽지 아니하는 것이라. 세상에 어찌 육체와 같이 영영永永(영원히) 불사不死(죽지 아니함)하는 신선이 있으리요. 선생은 생각하여 보소서."

백운이 청파聽罷에 황연晃然(환히 깨닫는 모양)히 깨달아 가로되 "신천옹의 고명확론高明確論(식견이 높고 사물에 밝은 명확한 의론)을 들으니 비록 연소年少하나 가위可謂(참으로) 우리의 사표師表(학식과 덕행이 높아 남의 모범이 될 만한 인물)로다. 흉중胸中(마음속에 품고 있는 생각)에 모색한 것이 돈연頓然(어찌할 겨를도 없이)히 열린다" 하고, 또 물어 가로되

"육체가 영혼의 기계와 사역이라 함은 옳거니와 영혼의 집이라 함은 의심 있는 말씀이라. 가령 이 집이 무너질 때에 사람이 다른 집으로 간다 하면 영혼이 또한 다른 사람의 육체로 들어가 살 수 있다 함이뇨. 청컨대 자세히 가르치소서."

신천옹이 가로되 "사람의 생사는 하나님 처분에 달린 것이라. 수요장단壽夭長短(오래 삶과 일찍 죽음을 강조하여 이르는 말)을 사람의 지력으로 할 수 없거니와 대저 집으로 육체를 비유함은 아이 때에 일찍 죽는 자는 집을 약한 재목으로 모래 밭에 지음 같이 오래지 못하여 장마에 없어지는 것이요. 8-90세를 향수하는 자는 좋은 재목으로 단단한 땅에 주초柱礎(기둥 밑에 괴는 돌 따위의 물건)를 세움 같이 오래도록 없어지지 아니함이요. 집을 수리하지 아니하면 속히 퇴락할 염려가 있는 고로 의복, 음식으로 그 집을 보양함이요. 몸에 병이 나거든 약석藥石(약과 침이라는 뜻으로 여러 가지 약을 통틀어 이르는 말)으로 다스리는 것은 기와가 상하든지 벽이 뚫어질 때에 개와蓋瓦(기와로 지붕을 임)도 하고 도배를 하여 병을 고침이요. 집을 보호하지 아니하여 아이들과 장난꾼들이 기둥을 흔들며 벽을 헐게 하면 암만 좋고 튼튼한 집이라도 오래가지 못하는 것은, 사람이 주색잡기酒色雜技(술과 여자와 노름)에 방탕하여 육체를 손상케 하는 자는 비록 기질은 좋으나 필경은 요사夭死(젊은 나이에 죽음)하는 것이요. 집이 없어질 때에 집주인이 다른 데로 간다 함은 영혼이 천국이나 지옥으로 들어간다 함이라. 어찌 자기 육체를 떠나 다른 사람의 육체로 들어감이 있으리까."

백운이 또 묻되 "영혼이 천당과 지옥으로 간 후에는 어떻게 되느뇨?"

신천옹이 답왈 "지옥으로 가는 자는 이 세상에서 살인한 자와 간음한 자와 기인취물欺人取物(사람을 속이고 재물을 빼앗음)한 자와 우상에게 절하던 자와 무당과 판수의 술업術業(음양陰陽, 복서卜筮, 점占) 등의 술법에 종사하는 일)을 좇던 자와 도적질 하던 자와 후주잡기酗酒雜技(술주정과 노름) 하던 자와 불충不忠, 불효不孝하던 자와 교오방탕驕傲放蕩(교만하고 건방지며 주색잡기에 빠져 행실이 좋지 못함) 하던 사람들이니, 성경에 가라사대 '이러한 사람들은 하나님께서 심판하실 때에 유황불 구렁에 던지사 영영히 나오지 못하게 하시나니 그곳에는 꺼지지 아니하는 불과 독사악갈毒蛇惡蝎(독 있는 뱀과 사악한 전갈)과 마귀가 있는 곳이라, 악한 무리들이 지옥 음부에 있어 애통하고 이를 갈리라' 하셨으니 이것은 영사고난永死苦難(영원한 죽음과 멸망의 고난)이라 함이요. 천국에 가는 자는 이 세상에서 구세주를 믿어 인애, 화평한 자와 환난군축患難窘逐(환난과 핍박)을 인내하던 자와 세상 풍속과 육신의 정욕과 마귀의 유혹을 이기는 자와 온유, 겸손하고 순량淳良(성품이 순박하고 선량함), 충후忠厚(충직하고 온순하며 인정이 두터움)한 자와 십자가를 지고 항상 예수를 좇던 자들이니, 만일 구주 예수께서 천군천사를 거느리시고 다시 세상에 재림하실 때에 나팔 소리 굉장하며 일월日月(해와 달)이 빛이 없고 무수한 별들이 떨어지며 천둥과 지진이 대단할 적에 모든 경건한 무리들은 구름 속에 올라가 기쁜 마음으로 구세주를 맞아 함께 보좌에 앉으리니, 하나님께서 낙원에 있는 생명수 실과를 주사 먹게 하시고 생명록生命錄에 이름을 기록하시며 영생하는 면류관을 얻을 것이요. 지극히 청결한 흰옷을 주사 입게 하실 터이요. 금은보옥金銀寶玉(금은보석)으로 배치하여 광채가 조용한 천성으로 들어가게 하시리니 그 곳은 하나님과 구세주와 천군천사들과 의인의 영혼이 있는 곳이라. 항상 밝은 빛이 있어 어두운 밤이 없고 환란과 질병도 없는 곳이라. 성경에 가라사대 '세상을 이기는 자는 내가 보좌에 함께 앉을 것이요, 하나님의 아들이 되게 하리라' 하셨으니 이것은 영생 쾌락이라 하나이다."

백운이 또 묻되 "사람마다 천국에 들어가기는 다 좋아하려니와 어찌하여 예수만 믿으라 하느뇨?"

신천옹이 답왈 "선생은 생각하여 보소서. 하나님은 지극히 거룩하신 신령이니 세상의 죄인으로 어찌 전능하신 보좌 앞에 갈 수 있으리요. 이 세상 사람들의 죄악이 관영貫盈(가득 참)하거늘 하나님의 인애하시고 자비하심으로 멸망치 아니하시고 오히려 불쌍히 여기사 삼위일체 중 제2위 되시는 독생자 예수 씨를 세상에 보내사 동정녀 마리아의 배를 빌려 인자人子가 되신 후에 세상 죄인들과 같이 거처하시고 의복, 음식을 또한 백성들과 같이 하사 죄인들을 가르치시며 병인들을 고치시고 우리의 죽을 죄를 대신 받으사 십자가 상에 못박혀 죽으시고 그 흘리신 보혈로 만국 만민의 죄를 씻어 정결케 하시며 자기 몸으로 속죄하는 제물이 되사 속죄하는 제사를 드리신 고로 누구든지 예수를 믿는 자는 죄를 속하고 구원함을 얻나니 죄가 없은 후에야 능히 하나님 앞에 갈 수가 있는 것이요. 예수께서는 근본 하나님이시요, 또한 사람이신 고로 하나님과 사람

사이에 중보가 되신지라. 예수 가라사대 '나는 길이요, 생명이요, 참 이치라, 나를 말미암지 아니하고는 하늘에 계신 아버지께 갈 수 없다' 하셨으니, 반드시 예수를 믿어야 천부 앞에 올라갈지라. 사람이 높은 층루에 올라가려 하면 반드시 중간에 사다리가 있어야 되는 것 같이 천국에 들어가려면 중보 되신 예수를 인하여 되는 것이라. 성경에 가라사대 '하나님과 사람 사이에 중보 하는 이가 계시니 곧 구주 예수라' 하였고, 또 가라사대 '우리와 하나님 사이에 죄악으로 막힌 담이 있어 멀어졌더니 예수 씨의 피로 그 막힌 담을 헐어버리고 둘로 하나가 되게 하시며 우리를 새로 만든 사람이 되게 하시고 예수의 십자가로 인하여 하나님을 화친케 하시며 하나님 집에 한 식구가 되게 하신다' 하였으니, 우리가 불가불 예수를 의지한 후에 천국에 올라갈 수 있는 것이라. 사도 베드로 가로되 '천하 인간에 우리가 다른 이름으로 구원을 얻을 수 없다' 하셨으니 천상 천하에 하나님도 하나뿐이시요, 동양 서양에 구세주도 오직 하나뿐이시라. 우리가 전에는 하나님과 멀었더니 지금은 예수의 공으로 다시 가깝게 되었고, 예전에는 어두운 곳에 있던 죄인이더니 지금은 밝은 빛으로 나아왔으며, 우리가 전에는 죽는 길로 가는 가련한 인생이더니 지금은 사는 길로 인도하시고, 우리가 예전에는 마귀에 종이 되었더니 지금은 하나님의 사랑하시는 아들이 되게 하셨으니 어찌 기쁜 일이 아니리오. 이제 구세주를 믿어야 구원을 얻는 이치를 말씀하였거니와 거룩하신 하나님의 은혜는 실로 한량 없이 감사한 일이라. 선생은 어찌하여 구세주를 믿으시지 아니 하나이까?"

백운이 청파聽罷에 흔연欣然(기쁘거나 반가워 기분이 좋은 모양)한 빛이 있어 가로되 "나도 예수를 믿어 천국에 가고자 하나니 신천옹은 곧 나의 선생이라. 선생은 고명하신 말씀으로 나같이 노둔老鈍(늙어서 재빠르지 못하고 둔함)한 제자를 가르치소서."

신천옹이 답왈 "선생지칭先生之稱(선생이라고 일컫는 것)이 일하오야 一何誤耶아(어찌 잘못이 아니겠는가). 예수 씨 말씀하시되 너희는 부자夫子(스승을 높여 이르는 말)의 칭하는 말을 받지 말라. 너희의 선생은 하나뿐이니 그리스도 예수라 하신지라. 백운께서는 오직 구세주의 제자 되기를 원하나이다."

이에 두 사람이 손을 다시 잡고 서로 형제 되기를 약조約條(약속) 하니, 이때에 원각이 또한 신천옹의 전후 수작하는 말씀을 자세히 들은지라. 마음이 감동하여 한 자리에 나아와 함께 예수 씨의 제자 되기를 청하거늘 신천옹이 크게 기뻐하여 영광을 하나님께 찬송하되, 진도는 종시終是(끝내) 불복不服하는 모양이 있어 가로되 "예수교의 종지宗旨와 목적을 들은즉 윤상지리倫常之理(인륜의 떳떳하고 변하지 않는 도리)를 발명함이 예전 사람인 지나支那(중국) 고古 동양 성현이 믿지 못할 말이 많거니와 치국평천하治國平天下(나라를 잘 다스리고 온 세상을 평안하게 함)[209]의 도리와 정치 학술에는 우리 유교만 못할까 하노라."

---

209. 《대학》에 나오는 구절로 원래는 '수신제가치국평천하修身齊家治國平天下'의 형태로 쓰인다. 풀이하면 '자신의 몸과 마음을 바르게 한 사람만이 가정을 다스릴 수 있고, 가정을 다스릴 수 있는 자만이 나라를 다스릴 수 있으며, 나라를 다스릴 수 있는 자만이 천하를 평화롭게 다스릴 수 있다'는 뜻이다.

신천옹이 또 가로되 "진 선생은 아직도 마음에 막힘이 있어 열리지 못함이라. 정치제도와 애국사상으로 말할진대 유도儒道(유교의 도)가 어찌 예수교보다 낫다 하리오. 공부자孔夫子 당시에 철환천하轍環天下[210]하시되 도를 행하지 못하시고 노魯나라에서 벼슬 하실 때에 제齊나라에서 여악女樂(여자 악사들의 노래와 춤)을 보내거늘 막지 못하여 물러가시고 마침내 노나라를 흥왕興旺하게 못하셨으며, 맹자와 자사子思[211]도 전국 시절에 태어나사 각국 왕후를 찾아 보시며 말씀하였으되 마침내 나라들을 부강하게 못하였거니와 영국 여왕 빅토리아Victoria[212]는 예수교 신자로 신약성경의 말씀을 가지고 백성을 다스리매 재위 60여 년에 영국을 천하 만국 중에 제일 문명한 나라가 되게 하고 5주 세계에 맹주가 되었으며, 8년 풍진風塵(세상에서 일어나는 어지러운 일이나 시련)에 만단고초萬端苦楚(온갖 고난)를 겪고 싸움할새 백절불회百折不回(백 번 꺾일지언정 돌아서지 않음)[213] 하는 사람으로 나아가 영국 군사를 물리치고 미국을 영국의 기반羈絆(굴레)에

---

210. 수레를 타고 천하를 돌아다닌다는 뜻으로, 세계 각지를 여행함을 이르는 말이다. 공자가 교화를 위하여 중국 천하를 돌아다닌 데서 유래한다.
211. 중국 전국 시대 노나라의 유학자로 공자의 손자, 맹자의 스승으로 알려져 있다. 성誠을 천지와 자연의 법칙으로 삼고 천인합일天人合一의 철학을 제창하였다. 저서에 《중용中庸》이 있다.
212. 영국의 여왕(1819 – 1901, 재위 기간은 1837 – 1901). 하노버 왕조의 마지막 영국 군주로, 영국의 전성기를 이루고 '군림하되 통치하지 않는다'라는 전통을 확립하였다.
213. 어떠한 어려움에도 굽히지 않는 정신과 자세를 가리킬 때 사용되는 고사성어로, 백절불요百折不撓(백 번 꺾일지언정 휘어지지 않음), 백절불굴百折不屈(백 번 꺾일지언정 굽히지 않음), 불요불굴不撓不屈(휘어지지도 굽히지도 않음), 위무불굴威武不屈(어떠한 무력에도 굽히지 않음) 등과 같은 뜻이다.

서 벗어나 자주 독립이 되게 했던 화성돈華盛頓(워싱턴Washington의 음역어)과 의대리意太利(이탈리아의 음역어) 정치를 개혁하여 중흥, 독립하게 했던 가부이加富爾(카보우르Cavour[214]의 음역어)와 마지니瑪志尼(마치니Mazzini[215]의 음역어)는 다 예수교의 독신篤信(깊고 확실하게 믿음)한 사람이요. 보로사普魯斯(프로이센Preussen의 음역어)와 일이만日耳萬(게르만German의 음역어) 지방을 연합하여 불세不世(세상에 없음)한 위업으로 세계에 빛나게 하던 비사막(비스마르크Bismarck[216]의 음역어)과 법국法國(프랑스) 군사를 물리치고 승전가를 부르던 모기(몰트케Moltke[217]의 음역어) 장군과 수사제독水師提督(해군에서 함대를 지휘하는 사령관)으로 백전백승百戰百勝(백 번 싸워 백 번 이김, 즉 싸울 때마다 다 이김)하던 내리손內利

---

214. Camillo Benso, conte di Cavour(1810 – 1861): 이탈리아의 정치가. 나폴레옹 3세의 지지로 오스트리아 세력을 몰아내고 롬바르디아를 해방하였다. 1861년에 이탈리아 왕국의 성립과 동시에 초대 수상이 되었으나 2개월 만에 사망했다.
215. Giuseppe Mazzini(1805 – 1872): 이탈리아의 정치지도자. 1831년 마르세유에서 청년 이탈리아당을 결성하여 이탈리아를 공화 정치로 통일할 것을 호소하였다. 1849년에는 로마 공화국을 수립하였으나 프랑스군의 간섭으로 실패한 후 망명하였다.
216. Otto Eduard Leopold von Bismarck(1815 – 1898): 독일의 정치가. 1862년 프로이센의 수상으로 임명된 후, 강력한 부국강병책을 써서 프로이센·오스트리아, 프로이센·프랑스 전쟁에서 승리하고 1871년에 독일 통일을 완성하여 신 제국의 재상이 되었다.
217. Helmuth Karl Bernhard von Moltke(1800 – 1891): 독일의 파르힘 출생. 근대적 참모제도의 창시자이며 대大몰트케로 불린다. 덴마크의 귀족 출신으로서 1822년 프로이센군에 들어가, 1858년에 참모총장이 되었다. 전략의 천재로서 대對덴마크 전쟁(1864), 프로이센-오스트리아 전쟁(1866) 및 프로이센-프랑스 전쟁(1870 – 1871)을 지도하여 승리를 가져왔다.

遜(넬슨Nelson[218]의 음역어)은 다 예수교의 신자로 자기 나라를 사랑하고 임금에게 충성하여 자기 몸이 죽을지언정 용진불굴勇進不屈(용감하게 나아가 온갖 어려움에도 굽히지 아니함) 하는 마음으로 나라 정치를 개혁도 하며 풍진風塵 전장에서 싸움도 하여 자기 부모의 나라를 5주 세계에 일등 문명국이 되게 하였으니 실로 유교만 못할 것이 없는지라. 유서儒書에 말씀하기를 '나라에 도가 있으면 나아오고, 나라에 도가 없으면 숨는다'[219] 하며, 임금이 자기 말을 듣지 아니하면 벼슬을 버리고 산 중으로 물러가 물외物外(현실 세계의 바깥 세상)에 한양閑養(한가로이 몸과 마음을 안정하여 휴양함)하며 말하기를 '시세를 만나지 못하였다' 하나니, 시세가 영웅을 내고 영웅이 시세도 만드는 것이라. 정치가 문명하도록 시세를 만들지 아니하고 다만 편하기만 취하는 사람들이 어찌 나라를 위하여 애쓰며 일한다 하리오. 그러나 우리의 토론함은 정치상 관계가 아니요, 순전한 도덕계의 말씀이라. 독일무이獨一無二(오직 하나뿐이고 둘도 없음)하신 상주上主(하나님)를 존숭尊崇하며 영생 진리의 종교를 신앙하면 마음이 평안하고 기운이 화락하여 단전丹田의 좋은 씨는 백배나 결실하고 영유靈囿(영의 동산)의 선한 나무는 스스로 선과善果(선한 열매)를 맺을지니 마아魔

---

218. Horatio Nelson(1758 – 1805): 영국의 제독提督. 미국의 독립 전쟁 때 영국 함대의 작전에 참가하고, 1798년에 나폴레옹의 이집트 원정 함대를 전멸시켰으며, 1805년에는 프랑스·에스파냐 연대 함대를 트라팔가르 해협에서 격파하고 전사하였는데, 죽기 직전 "하나님께 감사한다. 우리는 우리의 의무를 다했다"라는 최후의 말을 남긴 것으로 유명하다.
219. 《논어》〈태백편泰伯篇〉에 나오는 구절로 원문은 '천하유도칙견天下有道則見, 무도칙은無道則隱'이다.

兒(마귀)는 자복하고 의적疑賊(미혹하게 하는 적)이 또한 도망하며 혼연欣然(기쁘고 즐거운 모양)한 천국의 자유민이 될지라. 다시 인간에 무엇을 구하오니까."

진도가 청파聽罷에 놀라 가로되 "서국西國(서양의 나라)의 문명함이 실로 예수교 덕화德化(덕으로 감화함)의 미친 바라" 하고 용단勇斷한 마음으로 예수교 믿기를 작정하거늘, 신천옹이 더욱 기뻐하여 이에 네 사람이 곧 그 자리에 엎드려 함께 기도하고 다 구세주의 신도가 되었다 하니 실로 성신의 도우심이러라.

이 책은 삼한 고국의 탁사자濯斯子[220]라 하는 사람이 기술한 글이니, 탁사자는 일찍이 종교가의 진리를 연구하여 각 교 문호의 어떠함과 목적의 여하함을 찾을새 유교의 존심양성存心養性(마음을 간직하여 본성을 기르는 것)하는 윤상지리倫常之理(인류의 떳떳하고 변하지 않는 도리)와 석가의 명심견성明心見性(마음을 밝혀서 불성을 보는 것)하는 공공空空(실체가 없는)한 법과 선가仙家의 수심연성修心煉性(마음을 닦아 본성을 연마하는 것)하는 현현玄玄(현묘하고 심오함)한 술법을 심형心衡(마음의 저울)으로 저울질하더니 구세주 예수를 믿은 후로 항상 성경을 공부하며 평생에 일편 성심으로 원하기를 어찌하면 성신의 능력을 얻어 유도와 선도와 불도 중 고명한 선비들에게 전도하여 믿는 무리를 많이 얻을까 생각하더니 한번은 추풍秋風이 소슬蕭瑟(으스스하고 쓸쓸함)하고 성월星月(별과 달)이 교결皎潔(밝고 맑음)한대 낙엽이 분분

---

220. 탁사濯斯는 이 글의 저자 최병헌 목사의 호이다.

紛紛(흩날리는 모양이 뒤섞여 어수선함)하거늘 청등靑燈(푸른 색을 내는 전등) 서옥書屋(글방)의 책상을 의지하여 신약성경을 잠심완색潛心玩索(글이 지닌 심오한 뜻을 깊이 생각하여 찾음)하더니 홀연히 심혼心魂(마음과 혼)이 표탕飄蕩(정처 없이 헤매어 떠돎)하여 한 곳에 이르매 그 산 이름은 성산聖山이요, 그 층대 이름은 영대靈臺라. 그 곳에서 네 사람을 만나서 수작함을 듣고 기뻐하다가 오경천五更天(하룻밤을 다섯 부분으로 나누었을 때 맨 마지막 부분으로, 새벽 3시에서 5시 사이) 찬바람에 황계성黃鷄聲(누런 닭의 울음 소리)이 악악喔喔(닭이 우는 소리) 하거늘 놀라 일어나니 일장몽조一場夢兆(한 바탕의 꿈)가 가장 이상한지라. 서안書案(책을 올려놓는 재래식 책상)을 의지하여 묵묵히 생각하며 스스로 해몽하되 성산은 곧 믿는 자의 몸이요, 영대는 곧 믿는 자의 마음이라. 유불선 삼도에서 공부하던 자라도 만일 성신이 인도하여 예수교인과 상종하면 마음이 교통하여 믿는 제자가 될 수 있음이라. 그런고로 탁사자는 그 몽조夢兆(꿈)를 기록하여 자기의 평일 소원을 표함이니라.

성산명경 종終

# 최병헌 연보

| | |
|---|---|
| 1858년 | 충청북도 제천에서 출생. |
| 1892년 | 세례를 받고 전도인으로 활동. |
| 1894년 | 아펜젤러Henry G. Appenzeller와 함께 〈죠션그리스도인회보〉 창간. |
| 1900년 | 존스George H. Jones와 함께 〈신학월보〉 주필을 맡음. |
| 1889년 | 배재학당 한문 교사를 지냄. |
| 1894년 | 종로에서 대동서사를 설립하여 운영. |
| 1898–1900년 | 성서번역위원회 번역위원으로 활동. |
| 1902년 | 목사 안수를 받음. |
| 1903년 | 정동교회 담임. |
| 1914–1922년 | 인천·서울 지방 감리사로 활동. |
| 1922년 | 은퇴 후 감리교 협성신학교 교수로 초빙. |
| 1927년 | 소천. |

# 참고문헌

## 1. 단행본

최병헌. 성산명경. 정동황화서재. 1909; 동양서원. 1911; 조선야소교서회. 1912.
최병헌. 성산명경. 키아츠. 2010. (원문, 현대문, 영역문으로 구성)
최병헌. 만종일련. 조선예수교서회. 1922; 삼필문화사. 2022.
최병헌. 최병헌과 그의 시대: 탁사 최병헌 한문 약전 번역과 해설. 여울목. 2019.

## 2. 연구논문

류동식. 탁사 최병헌과 그의 사상. 동방학지19. 1978.
신광철. 탁사 최병헌의 한국신학 연구: 만종일련사상을 중심으로. 한국종교사연구12. 2004.
서영석. 구한말 한국인들의 개신교 인식과 수용에 있어서 탁사 최병헌의 영향력. 한국교회사학회지19. 2006년.
차봉준. 탁사 최병헌의 만종일련 사상과 기독교 변증. 어문연구39(1). 2011.
서영석. 탁사의 기독교적 문명개화운동. 대학과선교39. 2019.
선병삼. 탁사 최병헌의 유교 변증 이론 고찰. 율곡학연구51. 2023.

1